L'auteur

Pierre Thiry ne peut pas s'empêcher d'écrire. Il anime régulièrement des ateliers d'écriture. Il est l'auteur de plusieurs romans et contes. Il travaille actuellement à plusieurs projets de livres à venir. Il est titulaire d'un Master en Sciences Humaines et Sociales et d'une maîtrise en droit. Il s'est formé à l'animation d'ateliers d'écriture auprès du CICLOP (Centre Interculturel de Communication, Langues et Orientation Pédagogique – Paris). Il a été administrateur de théâtre, vendeur de disques, étudiant en droit, élève de violoncelle au conservatoire de Rouen, etc.

Pour suivre son actualité consultez son site internet http://charles-hockolmess.e-monsite.com/

Autres titres même auteur

« Ramsès au pays des points-virgules » (fiction fantaisiste pour tous lecteurs de dix à cent-dix ans) BoD 2009

« Isidore Tiperanole et les trois lapins de Montceau-les-Mines » (conte pour enfants) BoD 2011

« Le Mystère du pont Gustave-Flaubert » (roman) BoD 2012

Extraits de presse

« Prenez une bonne dose de rêve, un gros morceau de culture littéraire, ajoutez autant de références musicales et vous obtiendrez un avant-goût de l'oeuvre de Pierre Thiry » (Paris-Normandie 14 Octobre 2014)

« C'est un livre foisonnant, plein d'imagination, de fantaisie, d'invention verbale » (Etudes Normandes Juin 2013 à propos du Mystère du pont Gustave-Flaubert)

« Pages après pages, on découvre l'univers déglingué et fantaisiste de celui qui se définit comme « un écriveur » ... » (Jounal de Saône et Loire à propos d' « Isidore Tiperanole et les trois lapins de Montceau-les-Mines »)

«Pierre Thiry parle de son plaisir d'écrire comme d'une véritable passion qui ne l'a jamais quitté. Il aime les mots, écrit comme il respire, lit avec un appétit d'ogre. » (Paris-Normandie 10 décembre 2009 sur « Ramsès au pays des ponts-virgules »)

Sansonnets, un cygne à l'envers
par
Pierre Thiry

Cent sonnets insignes allant vers...

Ouvrage comprenant deux préfaces en vers
et une postface en prose intitulée
« Pourquoi ces cent sonnets ? ».

Mars 2015

*Ces sonnets sont des sourires
en réponse à
tes sourires
qui me donnent encore et encore
envie d'écrire
et de sourire.*

1

Le pré face...

Le pré face à l'humble chaumière du poète
A chaque crépuscule invite ses tempêtes
D'images, d'idées, de sonnets, de sornettes...
Et sur le papier blanc, l'ivre stylo volette...

Il titube de brumes saugrenues en rimes
Saugrevêtues pour enfler des vers d'où la frime
N'est point absente (frimer en sonnets quel crime)
L'écriveur emmêlé dans l'art hume et s'escrime,

A noter le vent du pré face à sa fenêtre.
Ce n'est qu'en éventant les préfaces peut-être,
Que l'on peut risquer l'aventure ct l'écriture,

L'épopée du trait d'encre qui forme les lettres,
L'empilement des mots qui feront de toi l'être
Songeur bienveillant veillant l'alitée rature.

2

Préface commode

Je les ai glanés tous les soirs dans ce vieux pré
Qui fait face à la fenêtre de ma chambrée,
Mais j'ai voulu partager leur parfum ambré
Car ces vers sont faits pour sonner un peu timbrés.

Je n'avais d'autres choix que de les imprimer.
Je ne l'ai pas fait pour qu'un jour ils soient primés
Ils ne sont point des produits de primeur ; filmés
En gros plan, ils paraîtront ne rien exprimer

Qu'une apoésie mal griffonnée ; car c'est sûr :
Ils sont moins fignolés que de fines chaussures.
Leurs talents n'aiguillent pas les chroniqueurs de mode

À vanter leur couture et leurs semelles snobs.
Ils sont imprimés pour toi, pour que tu les gobes
En guise d'apéritif (préface commode).

3

Départ

Un cygne et cent sonnets circulaient l'air hagard.
Ils demandaient aux passants où était la gare
Ils parlaient par signes, vers et mots barbares
Un cygne est silencieux, cent sonnets sont bavards.

Les gens (même un monsieur qui fumait un cigare)
Etaient assourdis: « Pourquoi ces mots se bagarrent
Dans cent sonnets, tandis que ce cygne au regard
Dédaigneux n'émet qu'un muet mime ringard ?

Pourquoi ces bruyants alexandrins, ce brouillard
De rimes qui se chevauchent, flou tintamarre,
Inaudible inondation de bruits, une mare

Qui nous submerge en vague bruine, en brumeux art-
Tistique imitant un vieux moteur d'autocar
Produit par des sansonnets qui cherchent la gare?»

4

Drôle de luron

M'sieur Kantan: drôle de patron
Il est gris, fatigué, râleur
Arrivé tard trop tôt à l'heure
Cheveux salés, double menton

Aimant la lueur tamisée
Des rideaux tirés pour la sieste
Très cravaté, porteur de veste,
Il a été canonisé.

Rêveur comme un marchand de sable
Gourmand ne quittant pas la table,
Saint Kantan, drôle de huron...

Ancien goûteur d'arôme artiste,
Il court devant les «rhumatistes»
Cinquante ans drôle de larron...

5

Ici flottaient trois sansonnets

Ici flottaient trois sansonnets...
Comment ? Trois sansonnets qui nagent ?
Vous m'auriez dit « ils sont en cage !!! »
J'aurais gémi dans cent sonnets.

Mais trois étourneaux dans l'étang
Qui se pavanent, jouent au cygne,
Quel augure en tirer ? Quel signe ?
C'est étrange, c'est déroutant.

Le sansonnet n'est point canard
Il n'est pas palmé des panards.
Pourquoi nagez-vous sansonnets ?

Ils n'ont pas répondu... Bizarre...
Ils sifflotaient dans l'eau, musards.
J'ai donc pondu ces cent sonnets....

6

Les Sansonnets dans l'amarre

Les sansonnets piaillent dans l'amarre.
« Qu'est-ce qu'ils font là ces étourneaux ? »
Lance aux dockers le mécano
« Ils se croient marins ? Je me marre... »

Des étourneaux étourdis sans
Discrétion aucune qui piaillent,
Hurlant, tandis que sur les rails
Un train au bruit assourdissant

S'arrête pour qu'on le remplisse
Des trucs rapportés par Ulysse
De ce périple fatigant

A raconter dans le boucan
D'un choeur d'étourneaux provocants...
Ce navire est extravagant..

7

Ah ! Zut ! Hommage à L'Education Nationale

Ah zut ! Un électron très con !
C'est encore raté ! Argh bouille... mite
Le Professeur Windhill-Rabbit
Du collège de Groin-lès-Thon

Rate toutes ses expériences...
Austère dans sa blouse blanche,
Sous son œil, on planche, on flanche,
Sa classe est très nulle en science.

Un cours de sciences-physiques
C'est rarement très poétique
Sauf quand on rêve... symphonique...

« Ah zut ! Il est encor' bouillu ! »
S'écrie le poète bourru
Sonnet bouillu sonnet foutu !!!

8

Quand Fédor Thograff rêve d'un chasseur Suisse à l'heure du thé

Chasseur Suisse Oeuf ôte or tôt graphe.
Oui, sus aux fautes d'orthographe
Chassons les coquilles et les gaffes
Ternissant nos vers de leurs baffes.

Un chasseur Suisse à crâne d'oeuf
Dénommé Dickziohnn-Oeuf Harry
M'offrit du thé, du thon, du riz...
« T'orthographieras comme un bœuf

Avec mon gibier ! » grogna-t-il.
Ce Dickzohnn Harry est futile,
Me dis-je, mais le Suisse hurla :

« Hé sus au faux thé, dors Thograff ! »
Je m'endormis, sleep ou geschlaff,
A l'heure du thé... ah là là...

9

A la lointaine

> Bouts rimés tirés
> d'Apothéose de Jules Laforgue

Le clavier d'ordinateur sous mes doigts fourmille.
Entre quatre murs, rongé par mon tournoiement,
L'avenir est encore plus dur qu'un diamant
Où sont donc passés tes deux yeux qui scintillent ?

Toi magnifique amie dont le regard pétille
Je songe à ton rire mélancoliquement,
Ton murmure m'anime en un clignotement,
Tu dis : « Kesketufou vieil idiot des familles !

Je t'attends pour grimper les collines fleuries,
J'en ai ras l'truc des couloirs du métro : Paris !!!
Sa grisaille, son ciel bas... eh ! Ikar tu t'réveilles ?

Ma chère... J'allais oublier qu'on se connaît,
J'y rêve dans le noir, puis j'en fais un sonnet,
Ma Muse tu chauffes plus fort que le soleil !

10

Complainte

Ma fainéantise prolifère et fourmille.
J'évite le labeur et ses vains tournoiements.
Je ne peux t'offrir ni bijoux ni diamants,
Ni or ni argent, ni bibelot qui scintille.

Quand sablera-t-on le Champagne qui pétille ?
Je songe à tes cuisses mélancoliquement,
Je songe à tes clins d'oeil, à leurs clignotements,
Et quand donc te présenterai-je à ma famille ?

Quand admireront-ils tes longs cheveux fleuris ?
Leur éclat est celui qui éclaire Paris.
T'épouserai-je ? sera-ce demain la veille ?

Notre rencontre fut la plus belle des merveilles.
Mais je n'ose dire à personne qu'on se connaît.
J'y rêve dans le noir, puis j'en fais un sonnet.

11

Scène de métro

Compressés, écrasés, les voyageurs qui fourmillent
Par groupes, brinquebalés dans le tournoiement,
D'un métro toussotant s'appelant « diamant ».
Au milieu du wagon une fille dont les yeux scintillent.

Elle admire un grand type dont le front pétille.
La belle soupire mélancoliquement,
Sous les néons au grésillant clignotement.
On sent naître un beau coup de foudre des familles.

Banlieue sud : une galaxie de bourgs fleuris,
Endormis non loin d'un nid d'excités : Paris.
Parmi ces excités, calme, un plumitif veille.

Cette scène de métro lui semble une merveille.
Il regarde, écrit, car rimer, ça, il connaît.
Il griffonne, rature, puis en fait un sonnet.

Innovation

Le numérique et l'informatique fourmillent
Dans des hypermarchés aux exquis tournoiements.
Baladeurs MP3 moins grands qu'un diamant,
Caméscope et portable atomique scintillent...

Sous les projecteurs halogènes qui pétillent,
Les badauds badaudent mélancoliquement.
Sous leurs écrans plasma au doux clignotement,
Les PC du levant séduisent les familles.

Sous les climatiseurs ronronnants et fleuris
Murmurent les exquises vendeuses de Paris.
Et chaque jour l'obsolescence de la veille,

Est remplacée par une exaltante merveille
Un nouveau truc qu'encor personne ne connaît
Et pour lequel j'ai déjà écrit mon sonnet.

13

Attente à la caisse un après-midi de printemps en banlieue

La foule printanière en tous sens fourmille,
Les jupes de coton emmêlent leurs tournoiements.
Les clientes par flots, rivières de diamants,
Roulent par vagues dans le hall où tout scintille.

Eclatant, tout est neuf, rutilant, tout pétille.
Les caissières blondes, mélancoliquement,
Ont le soir les yeux remplis de clignotements
A force de voir passer la foule des familles.

Leurs gros caddies remplis, bondés, bourrés, fleuris.
Paquets de lessives, champignons de Paris,
Jambons sous cellophane, œufs tout frais de la veille,

Quiches surgelées, potage en poudre, merveill-
Yeux centre commercial où nul ne se connaît !
Ô chères caissières, il est pour vous ce sonnet.

14

Le flic et la rouquine

hommage à « File on missing redhead » de Lou Cameron paru en 1969 dans « La Série noire » de Gallimard sous le titre « La Rouquine aux sommiers ».

Sous la grue les bagnoles mutilées fourmillent.
Une odeur procure vertige et tournoiements,
La morte est dénudée vêtue d'un seul diamant,
Ornant son collier qui sous le soleil scintille.

Sur le cimetière des voitures, il pétille
L'astre du jour, âpre, mélancoliquement.
Je vois le cadavre dans un clignotement,
Un beau brin de fille, une rousse des familles.

Une belle rousse à la frimousse fleurie...
Une enquête à résoudre, j'irai à Paris-
Texas si je le dois, l'esprit toujours en veille.

Et je vengerai ton meurtre exquise merveille,
Ô Rouquine aux sommiers tu sais ça me connaît,
Résoudre une énigme en composant un sonnet.

15

L'ardu roc

J'ai ciselé dans l'ardu roc
L'espace d'un tour de breloque,
Le tiers temps d'un œuf à la coque,
Ce sonnet choc en vers d'estoc.

Nobles, purs, pas en amerloque,
Robustes, pas de l'équivoque,
Mastocs résistants aux chocs,
Pas des vers en stuc de Block et Schrock.

J'ai ciselé ce sonnet choc
Dans un silex âpre et mastoc,
Bien plus dur qu'un œuf à la coque,

Des vers polis, taillés d'un bloc,
Pour toi lecteur, un truc d'époque,
Dur comme un rock si tu le croques.

16

Le Señor Sonéklacique

Le tout petit Señor Sonéklacique
Tenait une Cantina au Mexique
(Dans les cactus un bar c'est sympathique)
Mais un type à l'air pas très séraphique,

V'nait tous les soirs, hurlant d'un air grognon
YÉ VOUDRAI OUNA TEQUILA SINON
Sonéklacique, obséquieux et poltron,
Lui versait, gratis, de pleines rations

Bientôt « vidangé », lessivé, sans fric
Sonéklacique quitta le Mexique
Et vendit sa buvette à un Angliche

Revint le type avec son air grognon
YÉ VOUDRAI OUNA TEQUILA SINON
Sinon WOUATT ? lui répliqua l'Angliche.

17

Le Bistrot de Bertillon Poldu

Le petit Monsieur Bertillon Poldu
Tenait un bistrot à Honolulu.
Dans cette île, un bar c'est chic et cossu.
Mais un type, un balaize hurluberlu...

Venait tous les soirs hurlant l'air grognon :
"YÉ VOUDRAI OUNA TEQUILA SINON"
Bertillon Poldu, redoutant les gnons,
Ne disait rien et versait son litron.

A force d'abreuver le gros balaize
Bertillon se r'trouva sans fric, sans pèze.
Alors, il déserta Honolulu,

Vendant son bar à la douce Lulu...
Revient l'hurluberlu à l'air grognon
"YÉ VOUDRAI OUNA TEQUILA SINON!!!"

"Sinon quoi?" susurre la douce Lulu.
"Sinon yé fou'l'camp et yé réviens plus!!!"

18

Maryline et la grenouille

Certains l'ignorent: Maryline n'est pas morte.
Un soir d'été elle se promenait en short,
Au bord de la Moselle... Et paf voilà Gribouille
Qui se ramène et qui la transforme en grenouille.

Je l'ai retrouvée du côté d'Esch-sur-Alzette.
L'ai recueillie et l'ai fourrée sous ma casquette.
Depuis j'entends sans cesse chanter la reinette
Monsieur, écoutez-moi, je suis une starlette.

N'ayez pas peur je suis Maryline Monroe,
Un french-kiss et je me retransforme en bimbo.
S'il vous plaît, s'il vous plaît, roulez-moi une pelle.

Baiser un batracien, oh! je ne ne suis pas fou...
C'est plus marrant d'avoir sous mon bob de Zazou
Une grenouille à la voix douce et sensuelle.

19

Sonnet pour les Gondoles

Gondoles! tandis que vous voguez à Venise
J'essaie de surmonter cet obstacle éternel :
Parvenir jusqu'aux suavités temporelles,
En fuyant les prizzdetète de la banquise...

Sans un vaste effort, sans un combat âpre et rude
Leusstyllpaprizz'detêttt' ne se peut obtenir.
Sans un dur labeur, sans une molle quiétude,
Au sonnet mitonné on ne peut parvenir.

Pinocchio soufflant dans son trombone à coulisse
Concevrait-il un un Ossobucco aussi lisse?
Aussi froid? pas plus succulent que mes godasses?...

Gondoles j'invoque votre mansuétude,
Pour ces peu gondolantes plates platitudes.
Ici, des gondoles, j'en ai pas vu des masses....

20

Les sonnets du dindon

Faut quand même pas déconner
Ces vers d'hiver dans leurs sonnets
Sans gants écharpes ni bonnets
C'est beaucoup trop téléphoné.

L'aurait fallu les habiller
Dans un style un peu d'aujourd'hui!
Car dans leurs chemises de nuit
Ils sont en train de frissonner.

Ces vers-là aiment l'édredon
Bourré des plumes du dindon;
Ce paon déplumé, sans atours

Bavard, qui aime babiller
En griffonnant sur un billet
De vrais sonnets de basse-cour.

Thèse Antithèse Saint-Aise
trois sonnets philosophiques
(Thèse-Antithèse-Sainte-Aise)

«...je retrouve un essai de poésie : des vers... sur une mouche! Si ces vers n'étaient pas de moi, je les croirais l'oeuvre d'une demoiselle bien élevée qui chante les insectes et qui leur dit "tu". Mais il n'y a pas d'erreur, ils sont bien de moi. Preuve que nous sommes capables de tout.»

Italo Svevo, La Conscience de Zeno[1]

21

Thèse

La mouche bourdonnante autour de moi ronflait.
Petite, noire, agaçante, infecte et radoteuse,
Allais-je l'écraser à coup de tronçonneuse?
Machine terrible à la cylindrée gonflée?

Agile et maigre avec ses ailes grisonnantes
La mouche hurlait, grimée comme une extravagante.
Je sentais l'instinct meurtrier gronder en moi.
Héroïque, je la saisis entre mes doigts.

Sans l'écraser je m'approche de la fenêtre,
Je l'ouvre, et je dis à l'animal : vas-t'en toi!
Par là, le monde est grand, vaste, infini peut-être,

Assez grand pour nous deux, sans doute aussi pour trois
Elle m'a quitté, est-elle arrivée chez toi?
Si tu l'entends, ouvre, elle apporte cette lettre.

---

1 Edition Folio Gallimard p. 140

22

Antithèse

L'auteur de ce sonnet peut aller se moucher.
Il aurait mieux fait d'être comptable ou boucher.
Mercure ne peut avoir l'air d'un moucheron!!!!
Pigeon, colombe ou à la rigueur papillon,

Ce sont ces animaux-là qui peuvent faire facteurs.
Porte-sonnet, c'est pas du boulot d'amateur,
Qu'une mouche le fasse, c'est du travail au noir.
C'est triste, ça déprime, ça donne envie de boire.

C'est pas beau, une mouche qui vole dans les cieux,
C'est moche comme une deux chevaux sans essieux,
Est-ce avec ça qu'on va sur la Croisette à Cannes?

Faut remplacer la mouche par un papillon.
C'est rempli de couleurs et beaucoup plus mignon...
Oui, mais il paraît que c'est moins causant qu'un âne!!

23

Sainte-Aise

De Sainte-Aise on ne cause pas chez Voragine
Aise mélange tout : le Portho, l'aspirine,
Les pattes de mouches, ailes de papillons,
Les éditeurs de bulles, papes à pilon.

Les tragiques grecs et les mauvais scénaristes,
Le peintre Nonotte, les situationnistes.
Les développements et les introductions,
Les grosses catachrèses et puis les digressions,

Le styl' juridic, le style Obicjaponais,
Les jug'ments de police, et les mauvais sonnets,
Les jambes de Cyd Charisse, les pieds de Boileau,

Mais si de Sainte-Aise il faut être dévot,
C'est que grâce à elle en à peine quatre strophes,
Sans lourdeur, à l'aise... on devient philosophe.

24

Ophélie

Sur le trottoir, dans la nuit elle titubait,
Gracile, entre flaque et pluie elle zigzaguait,
Stoppait, repartait, tambourinait aux fenêtres.
Aucune ne s'ouvrait du moindre millimètre.

Ses longues jambes et sa silhouette fragile
Etaient celles d'une danseuse juvénile.
Etait-elle ivre? ou droguée? ou désespérée?
Que cherchait cette ballerine chavirée?

Du secours? du réconfort? du sel? du tapage?
Tapis chez eux les gens l'imaginaient sauvage,
Insolite Ophélie affolée par l'hiver.

Ophélie, c'est rare qu'on l'invite chez soi,
On préfère avaler son potage entre soi.
Et moi... suis-je sûr que je lui aurais ouvert?

25

Ce que pense Gustave du Pont Gustave-Flaubert : il en perd le goût du Thé

Gustave est joyeux : -«Pour ma gloire
Un pont-levant porte mon nom.
Soulevés ses tabliers sont
Très sexy! c'est bon pour ma poire.

Avoir mon nom sur un tel pont
Voilà qui va me fair' connaître
En France, et même aussi peut-être
Facilement ailleurs : un pont

Levant de ce type c'est rare!
Alfred Jarry, ce scribouillard
Ubugène, n'a pas ma chance!

Balzac non plus! je suis le seul
Ecrivain à avoir ma gueule
Recrépie par ce truc intense...»

26

Gustave et Liseflore

Sur la façade d'un hôtel du Moyen Age
Pas très loin de la Place Saint-André-des-Arts
On peut contempler une horloge un peu bizarre
A chaque heure y surgit un curieux personnage.

Sculptée en bois, ce fut la noble Liseflore.
Mais un beau jour, Gustave flâne sous l'horloge
A l'heure où le carillon de midi déloge
Douze fois la statuette chronossivore.

Gustave attiré par la beauté de la dame.
Demeure hypnotisé; aspiré corps et âme
Par l'Hôtel antique autant que par la coquette.

Il entre sous le porche assoiffé, comme un doge.
Depuis Gustave est marionnette dans l'horloge,
Liseflore arpente Paris à bicyclette.

27

Natacha contre Jennyfer
(Une aventure de l'invincible Natacha Perçan)

Natacha Perçan, les jambes bottées de rouges,
Dansait dans la rue; mais Jennyfer de Montrouge
Lui dit : « ma pauvre, c'est pas bien comment tu bouges!!! »
Natacha gronde : «Cette avaleuse de gouges

En socquettes, qui n'avait jamais lu Boccace!
Cette bécasse qui roulait en Mercedès!
Cette pinéguette, pimbêche à tronche épaisse!
Cette pignouf, cette nassgeschwitz blondasse

Osait lui apprrendre à danser le tchatchatcha!!!»
Cela méritait trois torgnolles : tchahtchahtchah.
La cramaillote fuit les coups de Natacha,

Elle a déjà décanillé vers sa bagnole.
Mais de sa botte, Natacha sort un pistol-
Et, puis d'un coup sec, elle schpoutz la branquignole.

Petit glossaire Lorrain
Cht'iff : petit chef, personnage subalterne et dérisoire
Pinéguette : fille idiote et superficielle
Nassgeschwitz : en sueur
Cramaillotte : 1°) purée de pissenlit 2°) (par extension) nassgeschwitz qui se liquéfie,
Schpoutzer : nettoyer, éliminer

28

I.B.O.C.F.D. (Industrie, Banque et Oseille Cruel Fait-Divers)

On dit que moult industriels
Sont à leur oseille accrochés;
Et quelques intellectuels
Sont à sa saveur attachés.

Une banquière appelée France,
Grenouillait près de Malaucène.
Elle avait conquis la Provence
Par ses atours de Parisienne.

Dépourvus d'imagination
Ses amants en compétition,
S'imbibaient de bière lorraine.

La donzelle valait-elle ce jeu
Cruel sur le sol rocailleux?
Ils crevèrent tous dans la plaine...

29

J'écris

J'écris parce que je sais pas
Compter, j'écris car je sais pas
Danser, j'écris car je sais pas
Chanter, j'écris car je sais pas

Jouer du piano des dix doigts
J'écris car j'ignore les lois
Car je sais pas scier du bois
Et j'ai cassé ma deux-cent-trois.

J'écris pour une île et sa crique
J'écris pour partir en Afrique
J'écris car j'ai peur des poneys.

J'écris car j'ai très peur de l'eau
J'écris car je suis dactylo
J'écris pour pondre des sonnets.

30

Lipo Lapin n'aime pas les oeufs

Appâtant Natacha un soir
Chantant «Das Katz» par Rossini,
Lipo lapin ni blanc ni noir
Fit la nouba dans son logis.

Natacha dansait, raffolant
Du swing vocal du lapin gris,
Sur un standard milanais, dans
La façon du grand Rossini.

Natacha ondoyait, riait.
Lipo Lapin chantait, pliait
Son air sur un gong irlandais.

Il sifflait, Natacha dansait
Il soufflait, Natacha chantait
Sifflant son whisky Polonais.

31

Fort Boudebois

Cagettes de poires j'évoque vos saveurs
Vous gisiez dans la grange à l'ombre du tracteur...
On s'y perdait, elle était sombre humide et vaste,
S'ouvrait d'une porte cochère noble et chaste.

Frocourt, domaine libre, cour, maison, jardin,
Chemin boueux, orties, ronces, mûres, gourdins
Qu'on taillait d'un canif sur un vieux banc de bois,
Avant d'aller bâtir notre Fort Boudebois ;

Village de pionniers, typique du Far-Ouest,
Construit de branchages, dans un bois du nord-est,
Par une bande de marmots qui se croyaient

Aventuriers héroïques d'une épopée
Bien plus bath que le «Couronnement de Poppée»[2]
Nous étions maîtres du monde et ça se voyait.

---

2 «Le « Couronnement de Poppée » (en Italien « Incoronazione di Poppea ») est un opéra de Claudio Monterverdi créé en 1642 à Venise.

32

Guillaume Dufay

Nerveusement, elle triture son chandail
Qui s'effiloche doucement maille par maille
Tremblante à son pupitre, la môme défaille,
Une interrogation sur Guillaume Dufay...

Elle n'a pas appris sa leçon de musique
Une liste de noms et de dates historiques.
Le professeur éclate d'un rire hystérique,
Dévoilant ses canines musicologiques :

«Croquignolesque! on ne connaît pas sa leçon!
Ce n'est pas suffisant de tirer des beaux sons
De votre flûtiau, la théorie compte aussi...»

L'haleine du maître empeste le saucisson
La môme répond : «je préfère mon basson
A l'odeur de votre charcuterie rancie...»

33

Le rat Tur et Arthur Lerat

Malade, l'alité rat Tur
En souillant ce sonnet d'ordures
Prétendit qu'y brillait l'or dur.
Appâté, l'écrivain Arthur

Farfouilla au fond de ces vers,
N'y trouva que perles de verres,
Mots, virgules et points divers,
Mais point d'or dur ni diamant vert...

Car pauvre est l'alitée rature,
Et l'or est mou quand il est pur.
Quant au diamant il n'est pas fait

Pour soutenir l'alité rat
Tur quoiqu'en dise Arthur Lerat.
L'alité rat Tur étouffait...

34

C'est leste Ernest

Ernest, Don Juan du sud-ouest,
Prestidigitateur fort leste,
Rencontra, un beau jour, Céleste
Peste leste de Budapest.

Le décolleté de sa veste
Jolie promesse manifeste,
Invitait à y faire la sieste.
Ernest en quelques geste prestes,

Bondit et embrasse Céleste
Pesteleste[3] de Budapest...
L'enchantant d'un élixir au zeste

De citrons agrestes. Céleste
Changea Ernest en palimpseste...
On en pressa ce sonnet leste...

---

3 Céleste Pesteleste (1755-1822) Danseuse actrice, chanteuse. Née à Amsterdam, elle a vécu à Prague. Elle aurait fait partie du corps de Ballet lors de la création du Don Giovanni de Mozart le 29 Octobre 1787. Elle a vécu à Buda en Hongrie (qui ne s'appelait pas encore Budapest). Elle était un peu magicienne, aurait été impliquée dans une affaire de poisons dans laquelle un ténor nommé Ernest Cadillac a failli mourir. (voir le livre d'Amédée Gérard, Danseuses et corps de ballets dans l'empire Autro-Hongrois, Paris 1903). J'écrirai sans doute un jour ou l'autre un roman sur Céleste Pesteleste dans lequel je compte consacrer un chapitre entier à ses jambes.

35

Léon Bloy mic mac[4]

Le vieux Bloy, maëlstrom braillard
Epuisait sa phrase au gueuloir :
Ouste ! allez ! sortez du plumard !
Narrez la vie de Marchenoir !

Boitillant les uns sur les autres,
Les maux de Caïn, d'un bond, sautent,
Oublient de faire court, se vautrent,
Yaourt inouï brassé des fautes

Misérables de Marchenoir.
Ici-bas, insensé sans gloire
Caïn chrétien très atterré.

Maux et mots et puis Cheminot
Appelée aussi La Ventouse... oh...
Courte vie du Désespéré...

---

4 Léon Bloy (1846-1917) Ecrivain, polémiste, essayiste, marginal ayant eu peu de succès. Il est notamment l'auteur d'un roman s'intitulant «**Le Désespéré**» narrant la vie de Caïn Joseph Marie Marchenoir. Il y est question d'une certaine Véronique Cheminot dite aussi la Ventouse personnage inspiré par sa vie amoureuse.

36

Sonnet pour la postérité...

Pose ce thé Rythé ! quel nom...
Pataud devant sa théière
Paysan chinois et grognon
Rythé balance la théière.

Alac sa femme l'enguirlande.
Alac Rythé, canaille charmante
Est raffinée, yeux en amandes
Jambe élancée, parfaite amante.

Comment Rythé l'a rencontré ?
Un soir, tard, à l'heure du thé.
Un soir, au bal, posté, Rythé

Aborda Alac, je vous aime...
Alac l'épousa tout de même
Sonnée, pour la postérité.

37

Et pourquoi pas des hortensias ?

C'est un fier hurluberlu, rude
Un ample et cruel escographe
Un pêcheur de phrase et d'étude,
Fabuleux jongleur d'orthographe...

Dans l'eau de frêles escogriffes :
Proies pour volatiles à palmes
Vêtues en smoking de Cardiff,
Peut-être des truites trop calmes...

Le pêcheur âpre grognant bien,
Observe ces tout petits riens
Debout l'air brave en levant sa

Canne à pêche il tire du fleuve
Des sandalettes pas très neuves...
Et pourquoi pas des hortensias ?

38

Il faut toujours attendre le bus avec un livre

Il faut être en quelque sorte eskimo
En hiver pour attendre l'autobus...
Il fait froid, il faut trouver des astuces
Pour réchauffer l'attente en quelques mots.

La rue du Champ des oiseaux sinistre et
Morne en décembre à l'arrêt d'autobus
Il faut y être habillé comme un Russe
Dans la steppe des joyeux sinistrés.

Dans la bise on frissonne sans manteau,
Cet endroit est bien plus froid qu'un château
Dont sont ouvertes toutes les fenêtres.

Soudain à gros flocons tombe la neige.
Je n'ai ni chapeau ni chapka, que n'ai-je
Même un vieux bouquin sous lequel me mettre?

39

Être un tas

Etretat sous l'orage
Être un tas sur la plage
Une erreur d'aiguillage
Cette aiguille a quel âge?

Oubliant ses bagages
Faire un pas hors sa cage.
C'est quoi ces coquillages?
Et puis ce vieux garage?

Affalés sur la plage
Perclus de bavardages
Tout en tournant les pages,

(Sans les lire) d'un ouvrage
Sur l'ivre du village
D'Etretat sous l'orage...

40

Jongler avec les mots

Jongler avec les mots, les aligner
Laisser danser le stylo sur la feuille
Laisser courir pour le plaisir de l'oeil
Quelque trouvaille aimable, maligne et

L'inattendu finit par survenir
Savourer le temps petit à petit
Dévorer la vie à plein appétit
Sans s'inquiéter des drames à venir.

Machiner la grammaire à l'infini
Tant pis si ce sonnet est mal fini
Et si l'on ne peut gloser tout autour

Sans se soucier de la fin qui finit
Concocter des sonnets à l'infini
Ainsi que le faisaient les troubadours...

41

Horaires d'été

J'aime attendre l'autobus quand le soleil brille
Un jour clair où l'astre Phébus raccourcit l'ombre
Il allonge tous les jours les heures en nombre
Navigue dans le ciel bleu, il chauffe, il grille...

Attendre l'autobus parfois ça prend du temps
On contemple la rue déserte, rempli d'espoir.
Un moteur, est-ce lui? Non c'est un Solex noir,
Tant pis, il arrivera peut-être au printemps.

Epatant les horaires d'été cette année
Toutes les heur's un bus pourrait poindre son nez
Et pourtant on n'entend rien, juste des oiseaux.

Et ils chantent les sansonnets, ils piaillent en arpèges
Transformant mon arrêt d'autobus en manège
Epoustouflant pour festival d'étourneaux

42

Tu vas aligner les chapitres

Sous le soleil des vastes vitres,
Construis ta littérature
Machine et bâtis sa structure
Empile, aligne les chapitres

D'un roman fleuve fantastique
Barbare à l'ombre des Menhirs
Réserve de neige à venir,
Nuées de sentiments épiques

Tu brosseras deux cavaliers
En vert qui tiennent sur huit pieds
Sur des cavales bienveillantes.

Ils affronteront divers dragons
Dans le froid d'un hiver bougon
Vaincu par un sonnet en pente...

43

Sam le chauffard

Sam le chauffard est vert de ter-
Reur, il fonce à tombeau ouvert
Sur la piste en Chevrolet verte
Il fonce la voie est ouverte.

Sur la route toiture ouverte
Ronronne sa Chevrolet verte
Fastueux cabriolet vert
Sur la piste à tombeau ouvert.

Là-bas un petit agneau bêle:
Mêêê! Maman! Sur la piste il bêle,
Surgit le cabriolet vert...

Il freine... un nuage de terre...
Il évite l'agneau qui bêle:
"Bêêê, ç't'auto verte elle est pas belle..."

44

Ah! la télé

Chouette un film de kapédépé!
La jolie dame avec un masque,
Le gros féroce avec un casque,
Le beau gosse et sa fade épée

Et c'est parti, ils se castagnent
Dans un décor en carton-pâte
Une aubergiste avec des pâtes
Survient soudain; le méchant gagne...

...Alors la porte sans crier gare,
La mine grise et l'air trouillard,
Car l'aubergiste est Padouane,

Soubrette érotique, héroïque,
Mais d'un seul pfuiit pas féérique
V'la la télé qui tombe en panne....

45

Fleuve et mots passants.

Allô guide des mots lassants !
Le fleuve mugissant sonnait
L'homme dénommé Maupassant.
Oh ! Guy, où sont donc tes sonnets ?

A l'eau, fleuve des eaux lassantes
L'eau que chantent les sansonnets,
Les valseurs de valse harassante
Oui, ton eau dissout mes sonnets.

Blop ! rugit le fleuve d'oubli
Ils vogueraient dans mes replis
Perdus dans les vagues de mes eaux ?

Bien sûr, conclut le moustachu,
Ils y sont depuis qu'ils ont chu...
Pataplouf... ...mes vers d'étourneaux.

46

Le Cheval et la taupe

Un cheval pur-sang (bcbg) batifole,
Il parade, épate, galope et caracole,
Autour du pré qui jouxte la cour de l'école.
Tapie dans l'herbe la taupe myope s'affole.

C'est quoi ces bruits sourds qui me cassent les oreilles ?
Est-ce cela qu'on appelle un marteau piqueur ?
Ou est-ce l'angoissé battement de mon cœur ?
La taupe alors sort un bouquin de sa corbeille...

Un manuel épais, mal fichu, néanmoins
Censé répondre à tous les cas, tous les besoins,
Réparer son réveil, cultiver son jardin,

Apprendre à jouer au bridge, ou à la marelle,
Cuisiner les poireaux, la poire aux caramels,
Eviter un cheval, fringué en Pierr' Cardin.

47

Oeuvre d'art ?

C'est rythmé comme une samba de platitudes...
Ce gros machin est d'une esthétique à vomir
Une œuvre infâme dont la gloire est à ternir
C'est agencé comme un destin plein d'habitudes.

Oui, mais il y a le public à empapatouer,
Les admirateurs Panurges prêts à courir
Les lecteurs du magazine, ivres d'applaudir,
Les critiques d'art savant, à amadouer...

C'est tellement moche et laid que ça fait dormir
Cet engin drôle où toute forme est à bannir
Un poème en ferraille bête comme un oignon.

Ce gros machin n'est qu'une conduite intérieure
Une limousine antique, une des meilleures
Une automobile évoquant un fier camion...

48

Le Retraité

Le retraité, il a grossi,
Le front soucieux, la mine acide,
Il hésite et puis se décide,
Il ressemble à Tino Rossi.

Déjà l'aube a vaincu la nuit,
Chauve, il arpente le quartier
Tandis qu'un chant de charpentier
Sur les toits combat son ennui.

Il flâne, il ne sait pas quoi faire,
Il va jusqu'au chemin de fer,
Dégarni, le crâne luisant.

Avec sa mine de vaurien,
Il va ici, repart, revient,
Semant ses souvenirs cuisants.

49

Les fonds marins sont tapissés

Les fonds marins sont tapissés
D'algues en formes de cuillères.
Le granit semble être un gruyère
Un vrai décor pour odyssée...

C'est un cap, un rocher, un pic
Une Bretagne en coques si grue
Un port sans quai, sans croix sans grues
Pas une piscine olympique.

Au loin flotte un parfum d'agrume
Sur la plage fleuri l'écume,
Trop de flotte pour une palette

Il fout la trouille ce littoral
Antre à requin gris, littéral-
Lement sapide sans arêtes.

50

Chocolat

L'île est cernée d'un beau corail
Havre à coquins, piège à ballots,
Triste assaut, absurde tableau...
« Gédéon, garde ta quincaille ! »

Dit Léon protégeant Vanille,
Suspense, amer condiment
Car l'île n'est point continent
Mais guet-apens... quelle avanie...

Sombre affaire où la limonade
Suscite un combat de nomades
Pour conquérir du chocolat.

Ah ! S'ils avaient cherché du thé
L'île eut baigné dans la bonté.
Ça craint cette histoire houlàlà !!!

51

Axel sur sa presqu'île

Axel Haphabrykhaçonè s'ennuie, mais il
Adore admirer le temps qui coule, tranquille.
Alors que dehors il fait froid, que le grésil
Crépite sur la vitre, Axel, sur sa presqu'île,

Dans sa chaumière, au chaud, sur son bureau, médite.
Coulant sur la fenêtre, des lignes écrites
Par l'averse évoquent la sensuelle Edith,
Lectrice attentive de ce vieux Démocrite.

Alors Axel axe sa fabrique à sonnets
Sur sa feuille qui luit, sous sa lampe de chevet,
En contemplant sa lectrice de Démocrite.

Sous son stylo d'un trait se fabrique un sonnet,
Sitôt signé : Axel Haphabrykhaçonè.
Edith avenante y rythme une danse écrite.

52

Les chevaliers du fier anneau

La confrérie du paradoxe
Dans des guenilles à échancrures
Essaie de sauver ses pelures.
Est-ce une info ou une intox ?

Les chevaliers du fier anneau
Dans l'eau sur un esquif bondé
Ont des airs de dévergondés
Holà, il tangue le canot !

Sur l'île les bonnes s'affolent,
Autour d'elles on batifole
Grattant la guitare électrique.

A l'ombre des hauts peupliers,
Débarquent les gris chevaliers,
Ils ont l'air ivre et lunatique.

53

Concert de fourmis

Enlacés, nonchalants, dans la plaine à Cancale,
Deux Anglais admiraient (en parlant) les pétales
D'un rhododendron fort bien fait pour embellir
Le chignon d'Ophélie superbe à en pâlir.

John est épanoui, amoureux, son sang bouillonne.
« Ah ma belle Ophélie ta beauté me baîllonne ! »
Déclame-t-il soudain, et d'un pinceau il badigeonne
Le sentier où partout les Cupidons bourgeonnent.

Le coloriage très surprenant des nuages
Surplombe, muet, le très bavard paysage
John à Ophélie : « ô ma belle dis-moi oui. »

Dans l'herbage on perçoit des cailloux endormis,
Où circule en braillant un troupeau de fourmis.
Ophélie assourdie : « —mais d'où vient donc ce bruit ? »

54

Soudain jaillit des flots

Perdus dans la mer, sans nos arcs
Secoués sur nos frêles barques
Bouba babou gadou bibou
L'horizon nous attend au bout.

On rame sous un sombre ciel
On rêve au sourire de miel
De l'ondine, la belle Claire.
L'orage éclate et ses éclairs

Zébrent les obscures gambades
De nuageuses limonades.
Il gronde sur l'eau qui se ride.

Il pleut de lourdes gouttes d'eau
Soudain jaillit des flots idiots
Un monstre affreux au regard vide...

55

Un vieux poète

Un vieux poète vêtu de noir
Gris, flânait sur ses talents perchés.
Ses poèmes n'étaient pas des poires,
Des fruits verts qu'on vend sur les marchés.

Cet auteur était mûr, satisfait.
L'académie l'avait accueilli
Pour le rythme de ses vers parfaits,
Poèmes charmants et recueillis,

Que les écoliers toute l'année
Récitaient en se bouchant le nez.
Ils étaient si vieux si parfumés

De l'odeur des poussières d'antan
(Surtout quand survenait le printemps)
Qu'ils nous faisaient tous éternuer...

56

Pour une élégante...

Comme on fait sa gamme à l'archet,
Aligner les mots à la r'chê
R'cheu de la note juste, hachée,
D'un stylo point trop relâché.

Rechercher la rime assonante
Eviter la prose assommante
Fleur bleue de l'amant à l'amante,
L'éternel sirop à la menthe,

Sonnet sucré de cent clichés
Vieux vers mille fois rabâchés
Depuis que l'homme sait marcher.

Faire un sonnet rouge amarante
Pour éblouir une élégante
Bimbo sur ses talons perchée....

57

Au fond de l'arrosoir...

Accordons un regard à ce brave arrosoir.
Sur l'herbe, il veille dans la lueur du soir
Dans l'allée d'un jardinet en friche à Ozoir
La Ferrière où dort un sans le sou art-

Tisteupeintreu de profession et jardinier
Amateur de sieste, sous l'arrosoir bien sûr.
Cet arrosoir, c'est pour que vous nous le peigniez !
Rêvait-il en songeant à l'illustre peinture

Qu'il pourrait tirer de cet ustensile à poire.
Ce serait abstrait, avec quelques ombres noires,
Ce serait féérique au coucher du soleil.

On y sentirait la présence d'une blonde
Sirène qui chanterait en nageant dans l'onde
Au fond de l'arrosoir, quand l'art d'Ozoir sommeille.

58

Le rire de l'épouvantail

L'épouvantail rugit en un gros éclat de rire
Un grincement sonore imbécile à mourir.
Quelques coquelicots commencent à rougir
Effrayés par l'allure étrange de ce rire.

Un ricanemement rouillé si peu en accord
Avec cette planche en bois qui forme le corps
De l'épouvantail que tous les oiseaux adorent
A cause de son chapeau qui semble d'accord

Pour jouer à leur profit le rôle d'hôtel.
Ils raffolent aussi de ses larges bretelles
Où ils aiment, en groupes, venir se percher.

Si les oiseaux n'ont pas peur, les fleurs en revanche
Tremblent de frayeur du lundi jusqu'au dimanche
Devant l'épouvantail qui les fait bien marcher...

59

L'araignée

L'araignée ayant tissé tout l'été
Des toiles de chemise à satiété,
Prospérait fort quand soudain s'est pointé
Un scarabée à l'allure empotée.

Bonjour ! Je suis Scarabée l'inspecteur !
Je suis curieux, fonctionnaire amateur
D'étoffe orientale et dans le secteur
Vous êtes, m'a prétendu mon facteur,

L'usine à tissu la plus florissante
Du quartier, donc je fais une descente
Sans prévenir, pour faire une surprise.

Cette chemise semble assez seyante !
Il l'essaie, s'englue, contre tout attente,
L'araignée le bouffe avec sa chemise...

60

Bim Bam

Bim bam boum, bim bam boum babam
Patatruc patatruc pabam
Castatruc tastruc catastrophe
N'oublie pas de compter tes strophes

Vlam vlam vlim vlam vloum vlim valam
Blam blom blim blim blam blom balam
Cataplo cataplo catlope
Essaie de faire un sonnet pop

Astaclup astaclup podam
Patatruc patatruc badam
Fais gaffe et compte mieux tes pieds !

J'en ai deux et pas plus que deux
Bom bim deuh boum bideuh badeuh
C'est difficile à recopier.

61

Ça me gratte...

Je fais des vers à moitié vides
Remplis de virgules limpides
Lus par un acteur impavide
Dont le front trop lisse se ride.

Soudain Joaquim du Bellay
D'un ton sec hurle: « du balai ! »
Un p'tit rat du corps de ballet
D'un coup d'pied l'envoie à Belley

Que fait ce beau cygne à l'envers ?
Il peint les nénuphars en vert,
Et la cigogne en écarlate...

Alors la cigogne s'énerve :
« Je veux bien que ton pinceau serve,
Mais là, maintenant, ça me gratte ! ».

62

Arrêtons

Arrêtons de composer des trucs symphoniques
Car nous badigeonnons de « polish » la musique
Harmonisons nos sonneries téléphoniques
Pour améliorer le baroque informatique.

Arrêtons d'écrire des romans langoureux
Améliorons nos vieux poèmes amoureux
Harmonisons nos stylographes malheureux
Pour écrire du numérique bienheureux

Il faut regarder les cassettes vidéos
Des vieux films noir et blanc de Montevideo
Synchronisés sur des airs de Robert Schuman

Il faut garder les vieux vinyls c'est collector
Ils épatent toujours les vieux alligators
Amateurs des Beatles et de Tracy Chapman.

63

Commençons

Commençons par composer des trucs symphoniques
Pour mieux badigeonner de « polish » la musique
Harmonisons nos sonneries téléphoniques,
Ridiculisons le baroque informatique.

Avant de commencer des romans langoureux
Améliorons nos vieux poèmes amoureux
Remplissons d'encre nos stylos-plumes heureux
Pour écrire des vers pour un blues malheureux

Il faut liquider les cassettes vidéos
Des vieux films en couleurs de Montevideo
Où s'empoussièrent des airs de Robert Schuman

Il faut jeter les vieux vinyls trop collector
Car ils sont épuisants ces vieux alligators
Contempteurs des Beatles et de Tracy Chapman.

64

Contempteurs

Contempteurs des Beatles et de Tracy Chapman.
Il faut jeter vos vieux vinyls trop collector
Car ils sont épuisants ces vieux alligators
Où s'empoussièrent des airs de Robert Schuman

Tentez de décomposer vos trucs symphoniques
Et vendez-nous des sonneries téléphoniques,
Ridiculisant le baroque informatique
Vous surprendrez les sansonnets ! et leur musique

Vous évoquera des romans très langoureux
Améliorant nos vieux poèmes amoureux
Il faut liquider vos cassettes vidéos !!!

Remplissez d'encre vos stylos-plumes heureux
Pour écrire un peu sur ce ténor malheureux
Largué par une actrice à Montevideo

65

Lâché

Lâché par une actrice à Montevideo
Vous évoquerez des romans très langoureux
Améliorant vos vieux poèmes amoureux.
Vous regarderez vos cassettes vidéos...

Epatés par ces sansonnets ! et leur musique
(Bien meilleure que des sonneries téléphoniques
Ridiculisant le baroque informatique)
Vous décomposerez leurs trouvailles symphoniques...

Vous larguerez vos vieux vinyls trop collector
(Car ils sont épuisants ces vieux alligators
Où s'empoussièrent des airs de Robert Schuman)

Et de l'encre de votre stylo-plume heureux
Vous évoquerez ce grand ténor malheureux
Siffloteur des Beatles et de Tracy Chapman...

66

Siffloteur

Sifflotant les Beatles ou bien Tracy Chapman
Ridiculisant le baroque informatique
Bien meilleurs que des sonneries téléphoniques
Ces sansonnets sont plus épatants que Schumann.

Largués par une actrice à Montevideo
Ils sifflotent leurs poèmes très langoureux
Extraits d'un roman, un vieux récit amoureux.
Je les enregistre sur une cassette vidéo.

Et de l'encre d'un stylé stylo-plume heureux
J'essaie d'évoquer ce grand ténor malheureux
Que ces étourneaux transforment en vieux comique.

Ils sont plus précis qu'un vieux vinyl collector.
Ces oiseaux chantent bien mieux qu'un alligator
Peut-on noter toutes leurs trouvailles symphoniques ?

67

Les loutres n'aiment pas...

Les loutres n'aiment pas les cordes à sauter
Et moi j'aime les pommes de terre sautées
Les loutres n'aiment pas les vieux râteaux cassés
Et moi j'aime bien les chemises repassées.

Les loutres n'aiment pas lire des livres stupides
Et moi j'aime l'atmosphère des trains rapides
Les loutres n'aiment pas les sécateurs cupides
Et moi j'aime bien quand coule l'argent liquide.

Les loutres n'aiment pas quand ça rime à rien
Quand elles trouvent des vieux sonnets de vauriens
Qui ne font rien d'autre que de rire des loutres.

Les loutres n'aiment pas quand les lecteurs pressés
Oublient les sonnets par où elles sont passées
C'est peut-être poétique après tout les loutres ?

68

C'est peut-être poétique ?

C'est peut-être poétique après tout les loutres ?
Les loutres n'aiment pas quand ça rime à rien
Quand elles trouvent des vieux sonnets de vauriens
Qui ne font rien d'autre que de rire des loutres.

La rime aime les pommes de terre sautées
Les loutres n'aiment pas les cordes à sauter
La rime aime bien les chemises repassées.
Les loutres n'aiment pas les vieux râteaux cassés

Les loutres n'aiment pas lire des livres stupides
La rime aime l'atmosphère des trains rapides
Mais les loutres détestent les lecteurs pressés

La rime aime bien quand coule l'argent liquide.
Les loutres n'aiment pas les sécateurs cupides
Découpant les sonnets où elles sont passées

69

La passante en croquenots

Venise palpite avec ses patibulaires
Gondoliers dont les chapeaux perpendiculaires
Ont des allures baroques, tentaculaires
Dans les flots verts des longs canaux rectangulaires.

Les gondoles longent les murs des casinos
D'où parfois sortent des bribes d'andantino
Un air de violoncelle, ou un concertino
De Vivaldi... penché sur son capuccino

Antonio sourit d'un rictus célibataire
D'un œil, il contemple le charme involontaire
D'une passante chaussée de vieux croquenots

Elle est drôle, d'une élégance élémentaire
Mais soudain la belle assomme un diamantaire
Puis bondit dans la gondole d'un péquenot.

70

Sur une piste cahotique

Devant la jeep s'ouvre une piste cahotique
Le soleil brûle et la route est anecdotique
Il faudrait l'affubler d'un vocable argotique
Mais... surgit un souvenir torride érotique.

Olga gantée d'une algue allongée longue en jambe
Je l'admire m'approche, l'embrasse et l'enjambe.
Dans l'âtre une bûche asséchée crépite et flambe
L'électrophone émet de la viole de gambe.

Je me souviens de nos corps enlacés, des draps
Froissés, parfumés, de ma tête dans tes bras,
Sous ton regard bleu, reflétant un long poème.

Etrange dans la chaleur de cette poussière
Que de me plonger dans ce féérique hier.
Où sont-ils, Olga, tes frissons que ma peau aime ?

71

A l'ombre du chameau

Le soldat ronfle sous son casque colonial.
Sa paresse épatante est même primordiale
Le rêve à l'ombre du chameau est proverbial.
« Pointez-vous ! Nous partons c'est l'instant idéal ! »

Hurle dans le désert un clairon rauque aphone.
Le ronfleur préfère écouter le saxophone
Aérien qui balance ses feuilles d'automne
Dans un bal de rêve où les danseuses étonnent.

Il cause à Nina dans un café Montmartrois
Attention au talon de votre escarpin droit !
S'exclame-t-il tandis que le jazz s'égrenant

Les entraîne dans un tournis tourbillonnant
Elle lui écrase un pied, c'est enquiquinant.
Il s'éveille dans l'ombre d'un chameau maladroit.

A l'ombre du tango

Ils s'éveillent dans l'ombre d'un tango maladroit
Soufflant dans son clairon un air rauque et aphone
Il essaie d'imiter le souffle de la faune
Multicolore qui anime les soirs montmartrois.

Le clairon souffle sous son casque colonial.
Un air sauvage à l'harmonie très proverbiale.
Son adresse étonnante est même primordiale
C'est un tango montmartrois, typique, idéal !

Aérien il chaloupe et les filles de l'automne
Tournoyantes dans ce bal de rêve s'étonnent
D'être entraînées par ce tango tourbillonnant

« Attention au talon de votre escarpin droit ! »
Hurle à sa cavalière un danseur peu adroit
Elle lui écrase un pied, c'est enquiquinant.

73

Pardi !

J'écris, j'écroule, j'écrase les mots, par là
Sur la feuille en fouillis, alignés bien à plat.
Alors un stylo, muni de sa bille, roula...
Déroulant sa rature, une tache perla,

Se formant, se déformant, puis se reformant,
L'alitée rature en gonflant, se dégonflant
Prenant des poses de marquise à nom ronflant
Prenant les formes baroques de l'océan

De tache devint arbre avec un nid d'oiseau
Un sansonnet vint s'y poser, un étourneau
Qui braillait fort une mélodie étourdis-

Sante à casser les oreilles... crissante sans « o »
Avec l' « o » son chant eût été croissant, l'oiseau
N'était pas corbeau, mais un sansonnet. Pardi !

74

Que chantent les canards ?

Pourquoi ces sonnets insensés dans le brouillard ?
Un poète rimaille quoiqu'il soit en retard.
Il demande à la dame : « où c'est qu'ell' pionç' la gare ? »
La belle est escarpée sur des escarpins noirs

Elle a de beaux yeux verts une robe du soir,
Un grand chapeau rouge et perd un peu la mémoire
Ne se souvenant pas où est planquée la gare
Elle envoie le pauvre type au bord de la mare.

Le poète s'éloigne alors dans le brouillard
Il n'a pas l'air héroïque et semble trouillard
Percevant des cris de canards un peu ringards

Il quitte l'avenue et découvre la mare.
Sur son eau verte se balance un nénuphar
Et trois canards chantant cent sonnets l'air hilare.

75

Là-haut dans le ciel

Là-haut dans le ciel rouennais
Un nuage se pavanait
Un cygne sur l'étang flânait
Tout en flânant il ronchonnait :

« Eh ! On n'est plus au Moyen-Âge,
Le temps de la lumière en cage,
Tu me fais de l'ombre, dégage ! »
(Le cygne se plaint du nuage...)

« T'as qu'à bouger avec tes palmes »
Répond le nuage très calme.
Le cygne digne fait trois pas.

Le nuage n'a pas de palmes
Rien ne souffle et le vent est calme,
Pourtant, l'ombre aussi fait trois pas...

76

Les liaisons hasardeuses

Un cygne était amoureux d'une oie... pas de chance
L'oie jugeait cet oiseau avec indifférence
« Il est moche et muet, sa plate déférence
M'ennuie ! J'exclus que pour son bec mon cœur balance. »

L'oie préférait un merle noir, le merle noir
En pinçait pour la mésange qui brûlait d'ar-
Deur pour un écureuil amoureux d'une hermine.
L'hermine brûlait d'ardent amour pour la mine

Avenante d'un croqueur de lois : un renard...
Mais le croqueur de lois craquait pour l'oie. Oui l'art
De plaire et ses appétits sont souvent cruels...

Jamais l'amour n'abolira le jeu des lois,
Jamais renard ne croquera le cœur d'une oie,
L'oie virtuose assomma renard d'un grand coup d'aile.

77

Le cygne et l'oie

Embrouillé, j'écris un hommage
Evoquant un cygne rebelle
Courtisant une oie plutôt belle.
L'oie s'en aperçoit, quel carnage !

Gracieuse et grasse un peu épaisse
L'oie blanche attaque à l'aventure
Hurlant, grinçant, quelle biture !
Happant son amant en souplesse.

Alors s'enlacent les deux bêtes
Tempêtant elles font la fête
L'oie blanche et ses doux yeux de biche

Boxe le cygne sans mesure
Tout en le déplumant au fur
Et à mesure en rythmes riches.

78

ZéroZéroSept

Un soir, un aliboron, malheureux blaireau
En écoutant le roboratif Boléro
De Ravel décide de jouer les héros.
Avec audace il se déguise en numéro

ZéroZéroSept et soudain, sous les flambeaux
Il brille tellement qu'on oublie qu'il est un nabot
Il devient le plus courtisé du paquebot
Tout le monde l'admire sur son escabeau.

Demoiselle Lola d'un air méditatif
Contemple goulûment son très impératif
Noeud papillon rouge et sa veste d'apparat.

Offrir une fable en guise d'apéritif
S'avèra pour l'aliboron très lucratif :
Lola lui offrit du cristal de Baccarat.

79

Superbe étrangère

Sous les cieux industriels où la flamme luit
Au brouillardeux bourg que les averses essuient
Tu as surgi, splendide sans ton parapluie,
Ton pays, superbe étrangère, était celui

Qui longtemps m'est paru étrange, intraduisible,
Lointain, fabuleux, je l'imaginais terrible
Parmi les bruits sourds de ses combats horribles.
Par ta voix, il devient poétique et lisible...

Il n'est plus obscur, empli de monstres bruyants
Mais un livre à ouvrir, peuplé d'esprits brillants
De musiciens de jazz, de danseuses de twist.

Sa symphonie n'est plus un orage inconscient,
Mais une littérature à l'art insouciant.
Pour te comprendre inutile d'être un linguiste.

80

Virgules de mes vers...

Friands de fruits ils vocifèrent
Ailes sombres, becs citrons, fiers,
Gloussant en foule, ils prolifèrent,
Siffleurs raffolant contrefaire

Le chant de leurs alliés loriots.
Dans le ciel flânant par chariots,
Artistes sans impresario,
Improvisant leurs scénarios,

Squattant les feuillages en masse :
Gloussant piaillant, quoiqu'on en fasse,
Envahisseurs de jardinets,

Grouillante escadrille de zozos,
Gris et minuscules oiseaux :
Virgules de mes vers, sansonnets...

81

Gaston

Gaston, patati patata
Neveu feignant pour sa tata
Gribouillait sans le résultat
Escompté... un jour, il tenta...

Et l'on vit Gaston déferlant
Il braillait en gesticulant
Avec des mots très affolants
Hurlant un roman... excellent.

Rempli, farci d'indiscrétions,
Dans son esprit déjà construit,
Ce bon bouquin ferait grand bruit

Il plairait à sa favorite.
L'antique tante alors s'irrite :
« Tu n'as pas d'imagination !!! »

82

La phrase

Ah ! fichtre ! elle est admirable cette phrase !
Elle se déroule et coule sans emphase
Ses silences sont courts et ses silences rasent
Avec élégance et talent les périphrases

Qu'adorent les lecteurs de romans palpitants.
Je ne la note pas, je n'en ai plus le temps.
Vive et syncopée, leste, elle vibre à contretemps
Remplie de ressorts totalement déroutants.

Dans l'autobus, en silence, je la soupèse.
Cet amas de mots pèse son pesant de pèze.
Il tombe comme il faut pour le dernier chapitre.

Je tends mon billet au contrôleur, il le pèse :
« Il n'est pas affranchi ! Aboulez votre pèze ! »
Mais... il m'a fait oublier ma phrase ce pitre !!!

83

???

L'étrange objet flamboyait sous un ciel d'azur.
Etait-ce un bateau ? Un avion ? Une voiture ?
Devait-on craindre une redoutable aventure ?
Des propos s'échangeaient, personne n'était sûr.

Une soucoupe ? Un OVNI ? Un truc à moteur ?
Un cahier mécanique ? Un carnet d'inventeur ?
Un sous-marin à feuilles ? Un livre d'écriveur ?
Une fusée à rimes ? Quelques détracteurs

Ne s'exclamaient pas mais ronchonnaient d'un air triste :
« C'est une horrible fantasmagorie d'artiste !
C'est un engin très dangereux qu'il faut détruire !

C'est moche et ça nous force à poser des questions ! »
Soudain ça s'ouvre et des points d'interrogation
Sortent en dansant et galopent pour s'enfuir....

84

L'humble vocabulaire...

L'humble vocabulaire était à la recherche
D'une habile rime prête à tendre sa perche
Il arrêtait les lettres dans la rue, les mutines
Lui disaient en riant : « va donc voir ma farine ! »

L'humble vocabulaire ne se démontait pas
« Bah.. ...si votre copine rime pourquoi pas ?
Les amis de nos amis souvent nous éclairent
J'aime la clarté je suis un vocabulaire. »

Pataud un pâtissier se pointa, l'engueula :
« Tu adores l'éclair mais tu es chocolat
Savoureux, sucré mais tu n'es pas clair du tout ! »

L'humble vocabulaire embrouillé débrouilla
L'embrouillamini pour un broyeur qui brouilla
Ce brouillage dans ce brouillon pas clair du tout.

85

Sansonnet uituitui

Son bec est long un peu pointu
Assez petit, oiseau trapu,
Nichant dans les creux, il braille : tûûû
Suitsuitsuitû Suitsuitsuitû

On l'a dénommé sansonnet.
Navigateur dans mes sonnets,
Navigant en l'air pour la rime
Etourneaux perchés sur les cimes

Tarabiscotées des grands arbres.
Un chanteur non dépourvu d'art : *brrr*
Il siffle aussi *brschrre tscheer*, il vole

Toujours en groupe, et puis il vole,
Plagiaire habile tous les autres :
Il copie le loriot (entre autres).

86

Des sansonnets...

Des sansonnets navigateurs,
C'est bien une idée de poète...
Et pour vous que font les mouettes ?
Elles conduisent des tracteurs ?

Des sansonnets navigateurs...
Et chez vous que fait l'alouette ?
Joue-t-elle avec les allumettes ?
Et puis les boas constricteurs ?

Font-ils des bateaux en pliage ?
Et des étourneaux en collage ?
Que ne ferait-on pour la rime !

Pour lui plaire et la cajoler,
Pour l'assouplir et l'enjôler...
Ces cent sonnets font... ...d'l'intérim...

87

Muette attraction

« Chère madame, sachez-le
Je suis votre ami discret. »
La Dame : « Ah ! fichtre chassez-le
Ce vieux discoureur indiscret ! »

Le Monsieur : « Non, juste distrait
C'est par funeste inadvertance
Que j'ai osé lâcher ce trait,
Par amitié, par inconscience... »

La Dame : « Encor ! vous oubliez
Qu'un oubli autant déployé
Est fort loin de la discrétion !

Mon cher, choisissez de vous taire
Et d'être un silencieux mystère.
Soyez ma muette attraction. »

88

Charibert

Qui se souvient de Charibert
Le successeur du roi Clothaire ?
C'était le mari d'Ingoberge.
Ces prénoms enfouis émergent

Dans nos souvenirs poétiques,
Et les chroniqueurs politiques
N'évoquent qu'exploits érotiques
Chez ce vieux Charibert antique.

On prétend qu'il eut moult épouses,
On imagine la partouze...
Ingoberge lui donna Berthe,

Alors il séduit Miroflède,
Teudegilde comme intermède,
Puis d'autres dames très alertes...

89

Elégant et alangui

Un élégant et alangui alligator
Sapé comme un sapeur, ronflait comme un cador
Sur la plage d'une île où gisait un trésor
Surveillé par de démocratiques castors.

Les castors et le paresseux alligator
Ne guerroyaient point entre eux, ils auraient eu tort
L'alligator alangui était le plus fort,
Les castors actifs créaient des escalators.

L'île était déserte et ils ne servaient à rien.
Mais un jour on les vendrait très cher, très loin,
Dans un pays truffé de couloirs de métro.

Soudain, des pirates dépenaillés débarquent.
L'alligator furieux, réveillé par leur barque,
Croqu'tout'l'mond' : castors, pirates, petits et gros...

90

Quel chic art mur...

Quatre-vingt-dix sonnets dissonnants
Uniques, grognants ou bourdonnants
Emplissent d'un bruit carillonnant
Le paysage en papillonnant.

Chacun à sa façon : l'un très noble
Hésite à brailler, mais l'autre ignoble
Ignare hurle ; il boit tout le vignoble
Chantant : « Vive les laisins du mois d'octoble ! »

Agité, le poète s'escrime
Raturant, il mélange ses rimes
Triturant son brouillon de ratures.

Malhabile, ignorant quel art mûr
Un héros trouverait dans ces cimes,
Rêveur, il s'y risque sans armure...

91

Vers gorgés de Charibert

Qui se souvient encor du vieux roi Charibert ?
Il naquit mil-trois-cents années avant Flaubert
Sa fille Berthe épousa un des rois d'Angleterre
Et ni les uns ni les autres n'avaient lu Flaubert.

D'ailleurs Flaubert n'a guère écrit sur Charibert.
Il n'en parle jamais, ce n'est pas littéraire.
Insérer Charibert à l'intérieur d'un vers
Est-ce audace artistique ou gribouillis trop vert ?

A présent que l'industrie détruit tout sur terre
Et que tout le monde a enterré Charibert
Que sa femme Ingoberge est un cadavre vert

Et que Berthe et son époux le roi d'Angleterre
Sont très profondément oubliés sous la terre,
On peut sans doute avec eux nourrir quelques vers ?

92

D'une onomatopée de Du Marsais...

« Taratantara ! »[5] c'est le bruit que font les trompettes,
Assure Du Marsais, grammairien, auteur esthète,
Du Traité des Tropes, un ouvrage très honnête.
Tonnant taratantara, les modernes trompettes

Paraissent t'avoir injustement abandonné.
« Taratantara » suscite regards étonnés
Réprobations méprisantes chez les abonnés,
De l'Opéra, cultivés érudits... ...ce sonnet

Veut te rendre en même temps ton « N » et ta Noblesse
Afin que les trompettistes d'aujourd'hui ne blessent
Plus l'oreille par leurs roturiers « taratataras ! ».

Ces pâles « taratataras » remplis de faiblesses
Retrouveraient une rebondissante allégresse,
Avec ce lustre baroque : « Taratantatara ».

---

5 « Taratantara, c'est le bruit de la trompette. » Phrase extraite du Traité des tropes de Du Marsais citée par Charles Nodier dans la préface de son Dictionnaire raisonné des onomatopées française. Paris 1808

93

Sonnet péché

Sonnet pêché chez l'antiquaire :
Ses vers laissaient les mots se faire,
Sur les murs, chanson d'atmosphère...
Etrange écho d'un antique air...

Dans l'azur planaient les planeurs.
Sur le gazon une rose heur-
Euse espérait son arroseur.
Dans la rue flânaient les flâneurs.

Sur les murs flottaient des ratures,
Dans l'azur planait l'aventure,
Sous la rosée la rose heureuse,

Emerveillait l'oiseau rieur,
La mer veillait et l'amuseur
S'amusait des mouettes rieuses.

94

Voyelles délinquantes
(hommage à Rimbaud)

A: hâve, E : bœuf, I : ivre, U : Russe, O : or. Voyelles !
A l'instar de Rimbaud, je voile vos lanternes,
Afin que pèse votre poésie moderne,
A l'heure d'internet, et des proses cruelles...

Ecouter vos soupirs, les traduire en vers clairs
Est le devoir du poète attentif au hâle,
Effacé, de l'A tant exploité qu'il en râle
En d'âpres polars où le vieux bœuf aux yeux verts :

Inimitable E, bovin du clavier, livide,
Imite l'ivrogne I qui mitraille l'auto vide...
On brûle une limousine vidée de son or,

Une Rolls Royce sans or noir qu'un bovin Russe,
Dur en cuir subtilise à un olibrius,
Un hâve ivre hurlant : *Boeuf ! rends-moi ma Rolls en or !*

95

Croche-patte à Charles Soullier[6]

Pour faire un beau sonnet suffit-il de lier
Quatorze vers selon les conseils de Soullier ?
Charles Soullier est plus qu'un simple cordonnier,
Il est même exigeant sur le rythme des pieds,

Sur l'harmonie des rimes, la couleur des vers.
A suivre ses préceptes, un peu trop sévères,
On finit par écrire un poème à l'envers,
Où l'alexandrin se perd en multiples revers,

Ceux d'un porteur de stylo, greffier sans style
Victime de la règle et de sa forme hostile,
Versifiant au carré muni de son équerre.

Comment jouer le vagabond des cent sonnets,
Transcrivant l'errance du vol des sansonnets
Et l'étrange harmonie de leur hasard précaire ?

---

6 Charles Soullier est l'auteur d'un livre intitulé : « Mes Sansonnets » précédé de l'historique du sonnet, de la critique des sonnets célèbres, de diverses pièces de littérature très curieuses, entre autres le tableau de la vie, ouvrage rare et épuisé, Prix 2fr 50 Paris 1878 (Voir la Postface)

96

Dans son gilet vert en laine (hommage à Verlaine)

Il est le pire aigrefin de la redondance.
Il regarde s'écrire ses vers noirs sur blancs
En alignant ses sonnets au rythme indolent
D'un stylo frénétique sur la feuille trop dense.

Sa main, pauvrette, a mal aux doigts, son stylo lance
En tous sens sa ligne ivre d'un tango sanglant.
Comment résister à cet ouragan cinglant ?
Comment dépister ces syncopes qui balancent ?

Il s'arrime à la rime, il faut bien rire un peu,
Dans son gilet vert en laine, usé faut le dire,
D'un style frais mais chic, trop épuisé d'écrire.

Sort un sonnet de sornettes bon pour le feu.
Il le garde et crie, sévère, la poire en transe :
« Je hais l'empire aigre et fin quand la ronde danse !»

97

Le téléphone portable d'Arsène

Arsène Lupin c'est un sacré bricoleur
Le type des gens tellement cabrioleurs,
Le corps souple et le bras puissant, une lueur
Originale anime son regard quand l'heure

Arrive où la porte d'entrée laisse surgir
Lionne élégante au charme envoûtant, sans mugir,
La Comtesse de Cagliostro, belle à l'ire
Outrancière au charme impérieux qui fait pâlir...

Bon sang ! s'écrie Lupin cette femme est fatale !
Il sort alors dans la nuit armé d'un fanal
Puis enfourchant son vélocipède il dévale

Bizarre ombre grise une colline normande.
Il s'enfuit pour fuir la comtesse aux yeux amande
Perdant son téléphone au milieu de la lande.

98

Jeux de vers pour les Muses venues du sud

J' aligne un peu plus de treize mots
Et tout de suite cela m'amuse
Un beau jour c'est sûr une ou trois Muses
Xylophonistes rythmant Rameau

Viendront sans doute pour se loger
En plein milieu de mes vers sonores
Rimant sous les ouragans du nord
Soufflant sous une pluie enragée

Sifflant des mélodies venues de l'est
Un peu étourdies par le vent d'ouest
Des Muses viendront d'un chant très rude

Souffler à l'intérieur de mes rimes
Un peu de l'esprit des hautes cimes
Des Muses amusées venues du sud.

99

Crac cric pif paf

Clown perdu sans sansonnets
Retrouve l'oiseau qui sonnait
A l'endroit qui impressionnait
Ces passionnés de cent sonnets.

Cent sonnets, un cygne à l'envers
Rassemblés ensemble en lents vers
Inventent la route allant vers
Ce chapitre bleu, jaune et vert.

Perturbe un peu tes boulevards
Ils sont plus clairs si les bavards
Font resplendir mille couleurs,

Peintes au ciel au crépuscule
Alors que tant de minuscules
Farceurs soufflent pour être à l'heure.

100

Ici sombrèrent cent sonnets

C'est une mare dans les champs
Dans les prés, quelques vaches meuglent
Âpre, un vieux taureau blanchi beugle.
Les sansonnets poussent leurs chants

Les fleurs grouillent dans l'herbe verte,
La flaque sèche dans l'argile.
On y lit l'empreinte fragile
De la grosse botte de Berthe.

L'eau de la mare est sombre et calme,
Pas un canard, pas une palme...
Mais l'onde il y a peu frissonnait.

Sous un bouquin, frêle navire :
«Pages gorgées d'eau, il chavire,
Ici sombrèrent cent sonnets...»

Pourquoi ces cent sonnets ? D'où viennent-ils ? Où vont-ils ?
(postface où l'on trouvera aussi la recette de...)

Ne nous méprenons pas, les sonnets de cet ouvrage ne sont pas des sommets. Ils ne sont sans doute même pas des poèmes[7]. Ils sont une forme littéraire, une façon de mettre en page, une technique de rédaction, une technique exigeante, très exigeante. C'est une activité si âpre que Jules Verne lui-même s'en plaignait dans le chapitre III de son fameux roman <u>Hector Servadac</u> (1877) :

« Maniait-il donc le compas pour donner à ses vers une mesure rigoureusement mathématique ? Employait-il le crayon multicolore afin de mieux varier ses rimes rebelles ? On eût été tenté de le croire. Quoiqu'il en soit, le travail était laborieux. « Eh ! Mordioux ! s'écriait-il, pourquoi ai-je été choisir cette forme de quatrains qui m'oblige à ramener les mêmes rimes comme des fuyards pendant la bataille ? De par tous les diables ! Je lutterai ! Il ne sera pas dit qu'un officier français aura reculé devant les rimes. Une pièce en vers c'est comme un bataillon ! La première campagne a déjà donné —il voulait dire le premier quatrain— en avant les autres. »[8]

---

[7] Qu'est-ce qu'un poème ? Chacun peut avoir un avis sur la question, et ce n'est pas dans une postface que l'on peut énumérer et développer tous ces avis si divers, si passionnants et merveilleux.

[8] Jules Verne, Hector Servadac, Editions Rencontres de Lausanne, Chapitre III p.21 Hector Servadac « poète gascon » est en réalité en train de rédiger un rondeau. Mais ce que Jules Verne écrit du rondeau, s'applique parfaitement au sonnet.

Rédiger des sonnets serait une activité disciplinaire ? Autoritaire ? A la fin du XIXe siècle, après la guerre de 1870, le sonnet a souvent été mis au service d'une reconquête de l'Alsace Lorraine que les Allemands venaient d'annexer. Les Sansonnets étaient mobilisé pour sauver la patrie...

En 1872 Raoul Agnès publie ses « Cent sonnets »[9] dédiés au émigrants d'Alsace-Lorraine. Son cinquantième sonnet est consacré à un pauvre Sansonnet enfermé dans sa cage...

« En pensant aux exploits de ma longue carrière
Inscrits de tous côtés dans mon vieux cabinet,
Désolé, je disais : « Pauvre huissier honoraire !
Je n'en pourrais donc plus mettre sur mon carnet ?

Arrête, arrête, ingrat ! Dit la muse en colère.
Tous les jours au réveil, n'a tu pas ton sonnet ?
Allons reprends ta plume ; il t'en reste un à faire
Non pas sur ton beau chat, mais sur ton sansonet. »

C'est vrai ! Le pauvre oiseau, né sous le vert bocage,
Privé de liberté, prisonnier dans a cage,
Malgré tous ses malheurs, me chante sa chanson.

De mon beau sansonnet l'exemple est bon à suivre :
L'homme est libre ; il devrait mieux que lui savoir vivre
Sans se plaindre toujours. Ma muse avait raison. »

On peut admirer ce sonnet comme celui d'un huissier à la retraite, nullement fasciné par la libre anarchie des sansonnets.

On peut y voir (comme dans Hector Servadac de Jules Verne) une équivalence entre les quatrains et les batailles rangées des armées napoléoniennes. A la même famille s'apparente « Les

---

9 Raoul Agnès « Les Cent sonnets », Imprimerie G. Jacob d'Orléans 1872, 120 pages

Cent sonnets »[10] de Raoul Lafagette[11].

L'ouvrage est lui aussi placé sous l'invocation des sansonnets dans un quatrain placé en prélude aux sonnets :

> «L'oiselier vous ouvre la cage :
> Comme un essaim de sansonnets,
> À tire-d'aile, en plein bocage
> Envolez-vous mes cent sonnets. »[12]

Chez Raoul Lafagette, il y a un progrès, les sansonnets sont libérés de la cage.

D'autres auteurs sont allé encore plus loin : Georges Proteau, dans ses « Cent sonnets d'un fumiste »[13] donne quant à lui directement la parole à l'oiseau.

Ce dernier (s'agit-il d'un sansonnet ?) tient alors un discours exaltant l'anarchie, plaignant les êtres humains de l'oppression par le travail auxquels ils sont réduits :

> La réponse de l'oiseau
>
> « Je songe au paysan qui pousse la charrue,
> Moissonne le blé d'or pour un morceau de pain,
> Une fois par hasard, il égorge un lapin
> Et porte une chemise en grosse toile écrue ;

---

10 Raoul Lafagette, Les Cent sonnets, Librairie Fischbacher, Paris, 1890
11 Raoul Lafagette alias Raoul d'Espaignol (1842-1913) poète originaire du Sud Ouest de la France, défenseur (au sens presque militaire, c'était décidément à la mode) de la pureté de la langue.
12 Quatrain intitulé « La Clé des chants » in Raoul Lafagette, Les Cent sonnets, Librairie Fischbacher, Paris 1890
13 Georges Proteau, Les Cent sonnets d'un fumiste, rimes brutales, joviales et sociales, publiées « chez l'auteur » à Paris 1887

> À tous les besogneux qui gèlent dans la rue,
> Gens sur qui la misère a jeté son grappin,
> Ayant pour idéal la bière de sapin,
> Déposée au chevet par la mort apparue,
>
> Les plus vieux d'entre nous pour l'hiver ont un nid ;
> Je sais plus d'un humain cherchant en vain un lit
> Qui remettrait son corps d'une course insensée.
>
> Il n'est besoin, crois-moi, de te mettre à genoux, ;
> Je vais te dévoiler le fond de ma pensée :
> Les hommes sont beaucoup plus malheureux que nous. »

Dans mes « Sansonnets, un cygne à l'envers », j'ai voulu à mon tour, l'anarchie tourbillonnante des sansonnets, en leur proposant de venir se percher (provisoirement) dans cette « mise-en-page sous forme de sonnet. » En effet, un sonnet ne me paraît pas tout à fait être un poème. Cette idée n'est pas nouvelle. Selon René Rapin (1621-1687) auteur de <u>Réflexions sur la poétique d'Aristote</u> (1674) écrire des sonnets ne peut faire naître que des « *espèces de poèmes imparfaits...* »[14]

Ces « *espèces de poèmes imparfaits* » sont pourtant le résultat d'une longue histoire qui recoupe celui de la poésie. De nombreux poètes se sont évertués à composer des vers et à rimer selon cette forme rigoureuse et cependant si riche en liberté créatrice. François Le Lionnais, éminent membre de l'Oulipo[15], explique : « *Il y a neuf ou dix siècles, quand un littérateur*

---

14 René Rapin, <u>Réflexions sur la poétique d'Aristote</u> cité par Jean-Louis Joubert in Genres et formes de la poésie Armand Colin collection « U » Paris 2003

15 OULIPO : Ouvroir de Littérature Potentielle « les règles du sonnet » sont « la tarte à la crème de l'Oulipo » (Jean Lescure in Oulipo, La litttérature potentielle Folio essais 1988 page 33)

potentiel a proposé la forme sonnet, il a laissé, à travers certains procédés mécaniques la possibilité d'un choix. »[16]

Un choix ? Seulement un ? Je serais tenter de dire qu'il y en a plusieurs, une infinité au bout de laquelle on n'arrivera jamais.

Selon certains spécialistes[17] le sonnet serait apparu (il y a sept ou huit siècles et non pas neuf ou dix) au XIIIe siècle sur l'île de la Sicile au sud de l'Italie à l'ombre de l'Etna, ce volcan explosif. De là, il a jailli et s'est ensuite répandu dans toute l'Europe. Dante[18] qui vivait à Florence entre le XIIIe et le XIVe siècle a été séduit par cette forme et l'a acclimaté à la douce lumière de la Toscane dans son recueil « **La Vita Nuova** ». Lire Dante Aligheri ne peut qu'inviter à écrire.. Dante m'a toujours donnné envie de jongler avec la langue. C'est grâce à lui que j'ai appris qu'il y avait plusieurs sortes de mots : « *les puérils, les mâles, les féminins, les forestiers, les urbains. Certains sont lisses et peignés, d'autres chevelus ou hérissés...* »[19] C'est également auprès de lui que j'ai découvert que les langues ne cessent de varier parce-que l'homme est un « *animal remuable et très changeant.* »[20] Mais chacun d'entre nous est un poète en puissance car l'humain a « *l'âme douée de trois puissances : selon qu'il est chose végétative, il cherche l'utile, selon qu'il est chose animale, il cherche l'agréable, selon qu'il est chose rationnelle, il cherche l'honnête...* » Du reste y-a-t-il chose plus

---

16 Cité par par Jean Lescure dans l'article « Petite histoire de l'Oulipo » in La Littérature potentielle, Folio essais 1988 page 33
17 Jean-Louis Joubert Genres et formes de la poésie Armand Colin Collection « U » 2003
18 Dante Aligheri (1265-1321) écrivain Italien né à Florence et mort à Ravenne, la plupart des poèmes de son livre « La Vita Nuova » écrits entre 1292 et 1294 sont des sonnets.
19 Dante Aligheri De vulgari Eloquentia (1305) traduction André Pézard Bibliothèque La Pléiade 1983
20 Dante Aligheri De vulgari Eloquentia

honnête activité que d'écrire des sonnets ? Après qu'on l'ait lu avec attention, Dante invite à écrire avec insistance : *« Est bien loin du devoir à n'en pas douter, quiconque abreuvé des publiques leçons, ne se soucie pas d'apporter quelque secours à la chose publique, car celui-là n'est point « l'arbre qui le long d'un cours d'eau porte fruit en son temps » mais plutôt un gouffre de destruction qui va toujours engloutissant et jamais ne rend ce qu'il a englouti »*[21]

Ne voulant pas engloutir les leçons de Dante (et des autres) sans rien écrire, je me suis donc laissé convaincre de publier mes sonnets (non pas en Italien, langue je ne ne maîtrise pas, mais en français que je pratique quotidiennement à défaut de le maîtriser).

Clément Marot[22] a été l'un des premiers à écrire des sonnets en français, un français qui n'est plus celui que l'on écrit aujourd'hui. J'en ai lu, à l'école, dans mon Lagarde et Michard. Je me souviens très bien du bruit que faisait le néon dans cette salle de classe. Mon sonnet n°7 « Ah ! Zut ... » a été écrit dans le bruit d'un néon qui grésille, il est donc peut-être un hommage à Clément Marot...

Shakespeare[23] au début du XVIIe siècle écrivait à la lueur de la bougie et il a composé cent-cinquante-quatre sonnets dans dans sa langue cette fameuse « langue de Shakespeare » qui serait plus poétique que d'autres. Shakespeare ne saurait cependant être

---

21 Dante Alighéri, Monarchia, traduction André Pézard Bibliothèque La Pléiade 1983
22 Clément Marot (1495-1544) poète né à Cahors en France et mort à Turin en Italie. On le considère comme le « poète officiel » de François Ier
23 William Shakespeare (1564-1580) Auteur de théâtre anglais, célèbre dans le monde entier (et même sans doute au-delà pour avoir écrit « Roméo et Juliette », « Hamlet », « La Tempête », « Macbeth » et de nombreuses autres pièces... Il a également écrit 154 sonnets publiés (probablement sans son consentement) en 1609.

considéré comme l'inventeur du sonnet. L'île sur laquelle il vivait n'était pas la Sicile et il vivait non pas au XIIIe siècle mais au XVIIe..

Dans son Art poétique Nicolas Boileau[24] définit le sonnet avec une certaine précision, dans une langue que l'on comprend encore un peu de nos jours, tout en assurant que le créateur en serait Apollon qui l'aurait inventé pour nous, les français :

« Apollon de son feu fut toujours avare.
On dit à ce propos qu'un jour ce dieu bizarre,
Voulant pousser à bout tous les rimeurs françois,
Inventa du sonnet les rigoureuses lois ;

Voulant qu'en deux quatrains de mesure pareille,
La rime avec deux sons frappât huit fois l'oreille,
Et qu'ensuite six vers artistement rangés
Fussent en deux tercets par le sens partagés,

Surtout de ce poème il bannit la licence ;
Lui-même en mesura le nombre et la cadence ;
Défendit qu'un vers faible y pût jamais entrer,

Ni qu'un mot déjà mis osât s'y remontrer.
Du reste il l'enrichit d'une beauté suprême :
Un sonnet sans défaut vaut seul un long poème... »[25]

J'ignore où Nicolas Boileau est allé chercher qu'Apollon aurait pu avoir inventé les « rigoureuses lois » du sonnet.

Selon le dictionnaire : « *Apollon ou Phoebus, dieu du soleil et de la lumière, des arts, des lettres et de la médecine était fils de Jupiter et de Latone, et frère jumeau de Diane la Lune. Il naquit dans l'île de Délos. A peine sorti du berceau, il tua de ses*

---

[24] Nicolas Boileau (1636-1711) a publié son Art Poétique en 1674
[25] Nicolas Boileau, Art Poétique Chant II in Boileau Oeuvres Furne et Cie Editeurs Paris 1854 pages 264 265

flèches le serpent Python, qui, à l'instigation de Junon, avait persécuté sa mère. Dans la suite, irrité de la mort de son fils Esculape, que Jupiter avait foudroyé, il tua les Cyclopes qui forgeaient la foudre. Le maître des dieux, pour le punir, l'exila sur la terre. Il y garda quelques temps les troupeaux d'Admète roi de Phères en Thessalie ; puis se mit au service de Laomédon, pour lequel il bâtit, avec Neptune, exilé comme lui, les murs de Troie. Après avoir encore quelques temps erré sur la terre, où Marsyas et Midas éprouvèrent les effets de sa colère, il fut rappelé au ciel, et chargé par Jupiter de conduire le char du soleil. Apollon fut épris d'un grand nombre de nymphes et de mortelles. Les plus connues sont Daphné, qui fut insensible à ses vœux et le transforma en laurier ; Cassandre à qui il donna le don de prophétie ; Coronis dont il eut Esculape ; Clymène qu'il rendit mère du téméraire Phaéton. On le représentait sous les traits d'un beau jeune homme, tenant à la main tantôt un arc, tantôt une lyre, la tête ornée d'une chevelure longue et flottante, et ceinte d'une auréole lumineuse. Il dirigeait le choeur des Muses et habitait avec elles sur le **sommet du Parnasse**... *»*[26]

Faut-il considérer que Nicolas Boileau avait de l'imagination et qu'il a complètement inventé le fait qu'Apollon puisse être le créateur du sonnet ? Ou bien faut-il supposer qu'il y a peut-être des coquilles dans le dictionnaire ; que deux « **m** » auraient pu fautivement avoir été imprimés à la place deux « **n** » ; qu'Apollon habitait en réalité avec les Muses sur le « **sonnet du Parnasse** » ? Auquel cas on peut conclure assez volontiers qu'il a lui-même fabriqué ce « **sonnet du Parnasse** » afin d'y loger avec ses Muses, car que ne ferait-on pas pour plaire à ses Muses ?

---

26 Dictionnaire universel d'histoire et de géographie par M. N. Bouillet, Paris Librairie Hachette et Cie 1876 page 95

Quant à moi, si j'ai composé mes cent sonnets c'est avec l'espoir que mes Muses se laisseront tenter, et viendront s'y loger. C'est désormais à elles d'en juger. Si vous estimez que mes cent sonnets sont habitables, chères Muses, je vous attends.

Dans ces cent sonnets j'ai pris toutes les libertés. Je ne respecte pas rigoureusement les règles décrites par Boileau. Ce n'est pas très grave puisque le « sonnet » de Boileau par lequel il définit les lois de ce genre est lui-même un texte qui enfreint les règles qu'il pose : le nombre des rimes n'est pas celui qu'il annonce, des mots se répètent et le vers « *Défendit qu'un vers faible y pût jamais entrer* » me paraît manquer totalement de vigueur. Cette ligne me paraît même être la plus gigantesque, la plus magnifique, la plus admirable des faiblesses.

Admirer les faiblesses de Nicolas Boileau est d'ailleurs la plus intense des invitations à écrire. C'est parce-que j'ai lu Boileau que j'ai écris mes cent sonnets. J'y parle de tout et de rien mais aussi des sansonnets. Ils sont bavards à l'infini, un peu imprévus, malhabiles parfois, ennuyeux ou surprenants mais légers je crois. Ce sont des « pièces fugitives » au sens où l'entendait l'Encyclopédie de Diderot et d'Alembert :

« *Rien ne peint si bien la vie et le caractère de l'auteur que ces pièces fugitives ; c'est là que se montre l'homme triste ou gai, pesant ou léger, tendre ou sévère, sage ou libertin, méchant ou bon, heureux ou malheureux. On y voit quelquefois toutes les nuances se succéder tant les circonstances qui nous inspirent sont diverses.* »[27]

---

27 Diderot d'Alembert, Encyclopédie 1775 1772 article « fugitive » cité par Jean-Louis Joubert dans « Genres et formes de la poésie » Armand Colin Paris 2003

Les sonnets publiés dans ce livre ont été écrits un peu n'importe quand, entre deux, dès que c'était possible, dès que j'avais du temps : à l'arrêt d'autobus, sur le quai de la gare SNCF, dans un train, sur une terrasse de café[28], dans une salle d'attente, sur un coin de table durant un repas ennuyeux, dans ma cuisine, dans mon bureau, dans un magasin de chaussures, en attendant mon tour à La Poste, en discutant avec ma coiffeuse, en attendant un dessert au restaurant, en marchant en forêt, en nageant à la piscine, en essayant une nouvelle chemise, en lisant un livre, en regardant un film, en dansant, en pilotant une grosse voiture, en marchant sous la pluie, en savourant un concert, en rêvant au sourire chaleureux de la meilleure des amies ou bien en écoutant converser les sansonnets au-dessus de l'étang des cygnes...

Publier un tel recueil c'est également reprendre un flambeau, s'insérer dans une lignée littéraire, dans un style, une sorte de tradition culturelle. De grands auteurs prestigieux ou renommés, de petits écrivains inconnus ou oubliés, d'insurpassables poètes aux rythmes inimitables, d'intrépides têtes brûlées adorant infliger au public leurs versifications forcenées se sont aventurés à publier leurs « Sansonnets » ou leurs « Cent sonnets ».

Victor Hugo qui a pourtant beaucoup écrit n'aurait, paraît-il, jamais publié un seul sonnet[29]. Honoré de Balzac en a publié quatre dans son roman « **Les Illusions perdues** ». Lucien de Rubempré, le héros, rédige des sonnets « **Les Marguerites** » pour avoir une place dans le monde littéraire. A leur première lecture il s'attire ce triste conseil prosaïque qu'un certain nombre

---

28 Certains ont été esquissés lors d'ateliers d'écriture animés au Café Librairie Ici & ailleurs (à Rouen).
29 Jean-Louis Joubert l'affirme dans « Genres et formes de la poésie »

de pauvres poètes[30] ont peut-être suivi, nous privant ainsi du charme leurs rimes : « *Je vous engage à noircir vos bottes avec votre encre afin de ménager votre cirage, à faire des cure-dents avec vos plumes pour vous donner l'air d'avoir dîné...* »[31]

Ces phrases des « Illusions perdues » auraient pu être fatale à l'avenir des sonnets. Dans ses célèbres « **Cent-mille milliards de sonnets** »[32]. Raymond Queneau y répond avec brio dans un vers qui marque la renaissance du genre :
  « *L'esprit souffle et resouffle au dessus de la botte* »

On peut voir clairement dans ce vers à la fois une allusion à l'origine sicilienne du sonnet (le talon de « botte » que forme l'Italie sur la mappemonde) et aux phrases par lesquelles Balzac a tenté d' « assassiner le genre sonnet »...

Dans « **Les Fleurs du Mal** » dont la version finale date de 1868, Charles Baudelaire a publié 72 sonnets, il n'est pas arrivé jusqu'à cent. Mais les sonnets de Baudelaire sont assurément des sommets. C'est grâce à eux que j'ai eu envie d'étudier les sonnets et d'en écrire. J'ai pensé aux écoliers qui doivent apprendre des poèmes par cœur. Un des sonnets publié dans ce livre est

---

30 Je ne sais pas ce que c'est qu'un poème, mais je me range à l'opinion couramment répandue selon laquelle quelqu'un qui rime en rythme serait un poète.
31 Honoré de Balzac, Les Illusions perdues Partie II Un grand homme de province à Paris, Garnier Flammarion page 250. Si vous croisez un jour dans la rue, un quidam qui regarde tristement vos bottes bien cirées vous pouvez être sûr que c'est quelqu'un qui est en train de regretter que vous n'ayez pas choisi d'utiliser le cirage de vos bottes pour versifier et rimer.
32 Raymond Queneau, Cent-mille-milliards de sonnets , Gallimard, 1982. Cet ouvrage fabriqué avec un système astucieux de languettes (une par vers) permet de multiplier le nombre des sonnets et transforme Raymond Queneau en un champion du sonnet. Ce système de languettes n'aide pas le rédacteur de notes en bas de page qui aime préciser la numérotation auxquelles il se réfère.

d'ailleurs un discret (quoiqu'humoristique) hommage au fameux « **A une passante** »[33] de Charles Baudelaire. Saurez-vous le retrouver ?

Charles Soullier a repris ce thème des sansonnets dans son ouvrage intitulé « **Mes Sansonnets précédés de l'historique du sonnet et de la critique des sonnets célèbres de diverses pièces de littérature très curieuses entre autres « le tableau de la vie » ouvrage rare et épuisé** »[34]

Le dernier de ces cent sonnets contient deux coquilles. Il s'intitule « Le dernier des sansonnets » je le reproduis ici avec ses deux coquilles : un pluriel oublié et un s redoublé :

« Pour toi mon cher lecteur, dans ce petit volume,
J'ai fait cent fois quatorze... oui quatorze cents vers ;
Mais ma verve est à bout : mon marteau sur l'enclume
A trop longtemps, pour toi, fait retentir les air !

C'est le centième feu que ma main rallume ;
J'ai fatigué l'écho de tous les bruits divers.
Et, comme j'étais près de retailler ma plume,
Mon Pégase éreinté montre ses quatre fers !

C'est assez : je retourne à mon trou d'hirondelles,
A ma muse des champs, à mes moutons fidèles
Que j'ai laissé au bois bêlant sur mes sonnets.

Nymphe des bois rêvez, sonnez cors et musettes !
Trompettes et clairons, et vous, chantez fauvettes,
Colibris, rossignolss, serins et sansonnets ! »[35]

---

33 « A une passante » huitième poème des « Tableaux parisiens » dans « Les Fleurs du Mal » (page 103 de l'édition Classiques Garnier, Paris, 1959)
34 Mes Sansonnets précédés de l'historique du sonnet et de la critique des sonnets célèbres de diverses pièces de littérature très curieuses entre autres « le tableau de la vie » ouvrage rare et épuisé, ouvrage publié « chez l'auteur » 49, rue Montmartre Paris 1878
35 Charles Soullier, « Mes Sansonnets.. » page 85

Je dois avouer que les sonnets de Charles Soullier (comme ceux de Raoul Agnès) m'ennuient prodigieusement. En lisant ces vers, j'ai donc eu d'autant plus envie de publier les miens (peut-être qu'en lisant les miens, tu t'ennuieras aussi et tu auras envie d'écrire les tiens toi aussi. Si tel est le cas j'aurai rempli une partie de ma mission). Charles Soullier a une vision, à mes yeux, trop restrictive de la forme du sonnet[36]. Il prétend qu'un sonnet est écrit en alexandrins ou en vers de moins de douze syllabes.

C'est faux Paul Verlaine a composé un sonnet comprenant des vers de treize pieds. C'est la raison pour laquelle j'ai inséré dans un de mes sonnets des vers de treize pieds[37] (Le quatre-vingt-douzième : « **Sur une onomatopée de Dumarsais** »)

Entre 1940 et 1944 Boris Vian a également écrit une série cent-douze sonnets qui ont été publiés en 1984 pour la première fois sous le titre « Cent sonnets »[38] avec des références parfaitement claires aux Sansonnets. En lisant les cent-douze sonnets de Boris Vian, je me suis beaucoup moins ennuyé qu'en lisant Charles Soullier, je me suis même énormément amusé, et j'ai eu encore plus envie de publier mes « Cent sonnets » car aucun de ceux de Boris Vian ne ressemble aux miens.

---

36 J'ai tout de même souhaité lui rendre hommage en lui dédiant un sonnet le quatre-vingt-quinzième : « Croche-patte à Charles Soullier »
37 J'utilise ici « pied » avec le sens d' « unité vocale permettant de mesurer le vers. Je prends ici les termes « pieds » et « syllabes » comme équivalents. Je sais que pour les érudits cela peut être considéré comme un abus de langage. Mais quand une confusion permet d'être clair, je la préfère à la l'orhodoxie savante qui rend obscur. Personne n'entend jamais tout à fait le même mot dans le même sens. L'important est de le savoir. Mais le plus important est d'être compris.
38 Boris Vian « Cent sonnets », Christian Bourgois 1984

Parmi les auteurs que j'ai cités, aucun ne semble avoir eu l'idée d'écrire cent sonnets en regardant nager des cygnes dans un étang. Il fallait donc que je me risque à publier les miens.

Et j'avais une raison particulière et personnelle de le faire. Ces sonnets me sont infiniment utiles. Il ne fallait pas que je les perde, en les égarant sous un tas de papier, dans un carton, dans une valise, dans un tiroir, dans un nid d'étourneaux ou dans un placard.

La meilleure façon de ne pas les perdre était donc de les publier dans ce livre. Les sonnets sont très pratiques pour réaliser la recette qui suit :

Recette :
Comment écrire un roman à partir d'un sonnet.

Matériel :
Un sonnet
Une lampe
Un stylo
Des feuilles
Quatorze cahiers
Une table
Une chaise
Une pièce chauffée (c'est mieux, surtout en hiver).

Préparation :
Tu poses le sonnet sur la table, sous ta lampe, de façon à ce que la lumière éclaire l'ensemble du texte afin que tu puisses le lire distinctement. Tu places à côté, ton stylo, tes feuilles, tes cahiers. Tu avances ta chaise jusqu'à la table de façon à ce que tu puisse t'y asseoir confortablement pour écrire sur la table avec

ton stylo. Pour être plus précis : tu écriras sur tes feuilles puis sur tes cahiers tout en lisant le sonnet. Sur une feuille tu recopies fidèlement chaque vers du sonnet en inscrivant à côté du premier vers : Chapitre 1er ; du deuxième : Chapitre 2 et ainsi de suite jusqu'au chapitre quatorze. Tu auras auparavant pris soin de les espacer suffisamment pour pouvoir griffonner quelques lignes de signes illisibles à la suite de chaque vers. Ces signes indéchiffrables constitueront le résumé de chaque chapitre à imaginer.

Ecriture :

A partir des signes illisibles qui suivront le premier vers tu remplis le premier cahier de ton imagination la plus débordante, et tu inscris sur la couverture : « Chapitre 1er ». Avec ceux qui suivront le deuxième vers tu remplis ton deuxième cahier, tu notes sur la couverture, Chapitre II et ainsi de suite jusqu'au chapitre XIV.

Une fois que tes quatorze cahiers sont totalement noircis de ton écriture la plus truculente (que tu auras cette fois-ci pris soin de rendre le plus lisible possible), tu réduis chaque cahier à vingt pages dactylographiées. A la fin de ces opérations tu auras écrit un roman de quatorze chapitres de vingt pages chacun soit 280 pages en tout... N'est-ce pas merveilleux ?

A partir de mes cent sonnets tu peux donc écrire cent romans de 280 pages, soit un total de 28.000 pages n'est-ce pas formidable ?

Voilà les véritables raisons de la publication de ce livre : te permettre d'écrire tes cent romans (accessoirement me permettre, à moi-aussi, d'écrire mes cent romans, et même un peu plus si j'en ai le temps). Je suppose qu'à présent tu as compris pourquoi ces cent sonnets sont insignes, et dans quelles directions ils vont.

    Merci d'avoir pris le temps de me lire. Bonne écriture à toi, et je ne doute point que l'on se croisera bientôt lors d'un prochain salon du livre ! Si au moment de remplir tes cahiers tu t'aperçois que ta passion d'écrire ne te quitte plus, je te rappelle que j'anime régulièrement des ateliers d'écriture.

    Je serai ravi de t'accueillir à l'un d'eux si tu le souhaites. Nous y partagerons des jeux d'écriture encore plus rapides et peut-être encore plus drôles à réaliser que ces 28.000 pages des cent romans qui naîtront peut-être d'un signe à l'envers ou du chant des sansonnets.

Pour en savoir plus sur les ateliers d'écriture que j'anime, consulte mon site internet
http://charles-hockolmess.e-monsite.com
 ou mon blog http://pierrethiry.wordpress.com/

A très bientôt !

    Pierre Thiry Rouen Février 2015

Sommaire

1 Le pré face……………………………………… .page 5
2 Préface commode……………………………...page 6
3 Départ……………………………………...page 7
4 Drôle de luron…………………………...page 8
5 Ici flottaient trois sansonnets………………...page 9
6 Les Sansonnets dans l'amarre……………… page 10
7 Ah ! Zut !……………………………… .page 11
8 Quand Fédor Thograff rêve…………….. page 12
9 A la lointaine……………………………….. page 13
10 Complainte……………………………. page 14
11 Scène de métro……………………….. .page 15
12 Innovation………………………….. page 16
13 Attente à la caisse un après-midi de printemps en banlieue……………………………….. page 17
14 Le flic et la rouquine…………………… page 18
15 L'ardu roc……………………………. page 19
16 Le Señor Sonéklacique……………………. page 20
17 Le Bistrot de Bertillon Poldu……………. page 21
18 Maryline et la grenouille…………………. page 22
19 Sonnet pour les Gondoles……………….. page 23
20 Les sonnets du dindon………………….. page 24
21 Thèse……………………………………...page 25
22 Antithèse……………………………...page 26
23 Sainte-Aise……………………………… page 27
24 Ophélie………………………………. page 28
25 Ce que pense Gustave du Pont Gustave-Flaubert : il en perd le goût du Thé…………………………………….. .page 29
26 Gustave et Liseflore……………………. page 30
27 Natacha contre Jennyfer…………………. page 31

28 I.B.O.C.F.D. (Industrie, Banque et Oseille Cruel Fait-Divers).. page 32
29 J'écris... page 33
30 Lipo Lapin n'aime pas les oeufs.............. page 34
31 Fort Boudebois...................................... page 35
32 Guillaume Dufay................................... page 36
33 Le rat Tur et Arthur Lerat....................... page 37
34 C'est leste Ernest................................... page 38
35 Léon Bloy mic mac................................ page 39
36 Sonnet pour la postérité........................ page 40
37 Et pourquoi pas des hortensias ?............ page 41
38 Il faut toujours attendre le bus avec un livre.. .page 42
39 Être un tas... page 43
40 Jongler avec les mots............................. page 44
41 Horaires d'été.. page 45
42 Tu vas aligner les chapitres.................... page 46
43 Sam le chauffard................................... page 47
44 Ah! la télé... page 48
45 Fleuve et mots passants........................ page 49
46 Le Cheval et la taupe............................. page 50
47 Oeuvre d'art ?....................................... page 51
48 Le Retraité.. page 52
49 Les fonds marins sont tapissés............... page 53
50 Chocolat... page 54
51 Axel sur sa presqu'île............................ page 55
52 Les chevaliers du fier anneau................. page 56
53 Concert de fourmis…............................ page 57
54 Soudain jaillit des flots.......................... page 58
55 Un vieux poète...................................... page 59
56 Pour une élégante................................. page 60
57 Au fond de l'arrosoir............................. page 61

58 Le rire de l'épouvantail............................	page 62
59 L'araignée...	page 63
60 Bim Bam...	page 64
61 Ça me gratte..	page 65
62 Arrêtons..	page 66
63 Commençons...	page 67
64 Contempteurs..	page 68
65 Lâché..	page 69
66 Siffloteur..	page 70
67 Les loutres n'aiment pas..........................	page 71
68 C'est peut-être poétique ?........................	page 72
69 La passante en croquenots......................	page 73
70 Sur une piste cahotique...........................	page 74
71 A l'ombre du chameau............................	page 75
72 A l'ombre du tango.................................	page 76
73 Pardi !...	page 77
74 Que chantent les canards ?…...................	page 78
75 Là-haut dans le ciel.................................	.page 79
76 Les liaisons hasardeuses..........................	page 80
77 Le cygne et l'oie......................................	page 81
78 ZéroZéroSept..	page 82
79 Superbe étrangère....................................	page 83
80 Virgules de mes vers...............................	page 84
81 Gaston...	page 85
82 La phrase..	page 86
83 ???...	page 87
84 L'humble vocabulaire..............................	page 88
85 Sansonnet uituitui...................................	page 89
86 Des sansonnets..	page 90
87 Muette attraction.....................................	page 91
88 Charibert...	page 92
89 Elégant et alangui...................................	page 93

90 Quel chic art mur.. page 94
91 Vers gorgés de Charibert............................ page 95
92 D'une onomatopée de Du Marsais.............. page 96
93 Sonnet péché... page 97
94 Voyelles délinquantes................................. page 98
95 Croche-patte à Charles Soullier.................. page 99
96 Dans son gilet vert en laine........................ page 100
97 Le téléphone portable d'Arsène................. page 101
98 Jeux de vers pour les Muses...................... page 102
99 Crac cric pif paf... page 103
100 Ici sombrèrent cent sonnets..................... page 104
Postface : Pourquoi ces cent sonnets ?...... page 105
Sommaire.. page 121

© 2015 Pierre Thiry pour le texte et la photo de couverture.
Editeur Books on Demand
12/14 rond-point des Champs Elysées
75008 PARIS
Impression Books on Demand GmbH Allemagne
ISBN : 9782322014934